国家自然科学基金项目（71472057，71372179）
睿银金控（上海）有限公司委托项目研究成果

主导行为与子公司发展的机制研究

蒲明 ◎ 著

中国财经出版传媒集团
经济科学出版社
Economic Science Press

图书在版编目（CIP）数据

主导行为与子公司发展的机制研究/蒲明著．—北京：经济科学出版社，2018.7

ISBN 978 -7 -5141 -9596 -5

Ⅰ.①主… Ⅱ.①蒲… Ⅲ.①子公司 - 企业管理 - 研究 Ⅳ.①F276.6

中国版本图书馆 CIP 数据核字（2018）第 176788 号

责任编辑：周国强
责任校对：王肖楠
责任印制：邱　天

主导行为与子公司发展的机制研究

蒲　明　著

经济科学出版社出版、发行　新华书店经销

社址：北京市海淀区阜成路甲 28 号　邮编：100142

总编部电话：010 -88191217　发行部电话：010 -88191522

网址：www. esp. com. cn

电子邮件：esp@ esp. com. cn

天猫网店：经济科学出版社旗舰店

网址：http：//jjkxcbs. tmall. com

固安华明印业有限公司印装

710 ×1000　16 开　13.75 印张　220000 字

2018 年 7 月第 1 版　2018 年 7 月第 1 次印刷

ISBN 978 -7 -5141 -9596 -5　定价：68.00 元

（图书出现印装问题，本社负责调换。电话：010 -88191510）

前　言

跨国公司是国际经济行为的核心组织者，是经济全球化的重要推动者，代表着最先进的企业管理方式。传统上认为跨国公司的竞争优势主要来源于母公司，而随着国际经营环境的不断变化，子公司的地位和作用日益重要，成为跨国公司知识网络体系中重要的学习者和知识贡献者。子公司通过在东道国获取知识并在跨国公司内部网络中传播增强跨国公司的知识基础，为跨国公司创造价值，成为跨国公司竞争优势的重要来源，由此跨国公司理论的研究焦点转向子公司。由于子公司在跨国公司网络中承担着不同的角色，而这种角色又存在演化发展，因此从动态角度研究子公司角色变化过程的子公司发展研究应运而生，并成为子公司理论研究的前沿。在实践中子公司发展不仅能够实现自身的成长壮大，而且能够更好为跨国公司贡献竞争优势。总之，子公司发展成为理论和实践领域共同关注的重要课题。

由于子公司发展是一个新兴的、前沿的研究领域，一些深层次的问题仍然需要进一步研究，因此本书以现有文献为基础，以现有研究不足为出发点，试图构建“主导行为—网络嵌入性—组织学习—子公司发展”的理论模型和因果传递机制，依据理论推演提出理论假设，并用跨国公司在华子公司的样本数据进行检验，力图分析主导行为对子公司嵌入性的影响，分析网络嵌入性对子公司发展的影响，揭示主导行为通过组织学习影响子公司发展的作用机制，揭示网络嵌入性通过组织学习影响子公司发展的作用机理，揭示产业和主导行为对网络嵌入性与组织学习关系的影响，为子公司发展建立理论框架，为子公司成长提供理论依据。本书的主要发现和结论如下：

第一，网络嵌入的前因与结果。主导行为是网络嵌入的重要前因，主导行为既能促进内部嵌入，又能促进外部嵌入。子公司发展是网络嵌入的重要结果，网络嵌入对子公司发展具有不同的作用。内部嵌入性有利于子公司能力水平的提升，外部嵌入性有利于子公司业务范围的扩大。

第二，主导行为通过组织学习作用于子公司发展。虽然主导行为促进组织学习，组织学习促进子公司发展，但是组织学习在主导行为与子公司能力水平之间发挥中介作用，而不在主导行为与子公司业务范围之间发挥中介作用。

第三，嵌入性通过组织学习作用于子公司发展。内部嵌入性通过组织学习作用于子公司的能力水平，外部嵌入性与子公司业务范围之间不存在组织学习的中介作用。这意味着外部嵌入性比内部嵌入性对子公司发展的作用更加直接，同时也意味着嵌入性并非直接作用于企业能力，而是通过组织学习发生作用。

第四，产业和主导行为对子公司嵌入性与组织学习关系的影响。在不同的产业，内部嵌入性对组织学习的影响呈现不同的特点。与高科技产业相比，处于传统产业的子公司，内部嵌入性对组织学习的作用更强。这意味着跨国公司的知识控制对跨国公司的知识溢出有重要的抑制作用。子公司主导行为的不同导致外部嵌入性对组织学习的作用也存在差异。在子公司主导行为多的情况下，外部嵌入性对组织学习的作用更强。

本书的理论价值和创新之处体现在：第一，构建并验证主导行为与网络嵌入之间的因果关系，弥补了现有文献缺少对子公司嵌入性来源的研究和对主导行为与网络嵌入之间关系认识不清的局限。第二，将内部嵌入性和外部嵌入性同时纳入分析框架，从业务范围和能力水平两个维度考察子公司发展，对网络嵌入与子公司发展关系得出了更全面的认识，克服了现有文献主要集中于一种嵌入性的研究以及对子公司发展的单维度考量。第三，深入挖掘主导行为对子公司发展的内在作用机理，揭示出组织学习在主导行为与子公司发展之间发挥的中介效应，补充了现有文献缺少对主导行为影响子公司发展机制探讨的短板。第四，揭示了嵌入性通过组织学习影响子公司发展的内在机理，有助于识别嵌入性对子公司发展的作用机制，把嵌入性与子公司发展的研究推向深入，有助于突破现有文献未能有效揭示嵌入性对企业能力作用机制的局限。第五，揭示了权变因素产业和主导行为对嵌入性与组织学习之间关系的作用，弥补了现有文献忽视权变因素对嵌入性与组织学习关系影响的缺陷，并启发未来研究进一步探索重要权变因素对嵌入性与组织学习关系的作用。

本书的结构安排如下：第 1 章绪论部分说明了研究背景、研究问题和研究价值，介绍了研究内容和方法，并从总体上概括本书研究思路和结构。第 2 章文献综述部分主要是对相关理论和研究成果进行系统性回顾和评述，奠定本书的理论基础，阐释本书的理论切入点。第 3 章依据相关理论构建理论模型，阐述研究设计和研究方法，并对数据收集和样本特征进行描述。第 4 章研究了主导行为与嵌入性之间的关系、嵌入性与子公司发展之间的关系，基于理论推演提出相关理论假设，利用调查数据进行了实证检验。第 5 章研究了组织学习在主导行为与子公司发展之间的中介作用，在理论推演的基础上提出相关假设，利用调查数据进行了实证检验。第 6 章研究了组织学习在嵌入性与子公司发展之间的中介作用，经过理论推演提出相关理论假设，利用调查数据开展了实证研究。第 7 章研究了子公司所在产业和主导行为对嵌入性与组织学习之间关系的调节作用，提出相关理论假设，利用调查数据开展了实证研究。第 8 章对全书进行总结和展望，归纳全书的主要研究结论，明确本书的主要创新点，阐明研究的理论贡献和实践价值，指出研究的不足和未来的研究方向。

由于笔者水平有限，书中难免有不足之处，敬请广大读者不吝赐教，批评指正！

蒲 明

2018 年 6 月于哈尔滨

目录
CONTENTS

第1章 绪论 / 1

1.1 研究背景 / 1

1.2 研究问题与价值 / 5

1.3 研究内容与研究方法 / 10

1.4 技术路线与结构安排 / 13

第2章 文献综述 / 17

2.1 子公司主导行为 / 17

2.2 子公司嵌入性 / 20

2.3 子公司组织学习 / 28

2.4 子公司发展 / 34

2.5 现有研究评述及本研究的切入点 / 43

第3章 理论模型与研究设计 / 46

3.1 理论模型构建 / 46

3.2 研究设计 / 54

3.3 数据与样本 / 59

3.4 数据分析方法 / 64

第4章 主导行为、嵌入性与子公司发展 / 73

4.1 理论推导与假设构建 / 74

4.2 变量测量 / 85
4.3 结果与讨论 / 93

第5章 主导行为、组织学习与子公司发展 / 100
5.1 理论推导与假设构建 / 101
5.2 变量测量 / 110
5.3 结果与讨论 / 118

第6章 嵌入性、组织学习与子公司发展 / 133
6.1 理论推导与假设构建 / 134
6.2 变量测量 / 139
6.3 结果与讨论 / 140

第7章 权变因素下的嵌入性与组织学习关系 / 150
7.1 理论推导与假设构建 / 151
7.2 变量测量 / 153
7.3 结果与讨论 / 154

第8章 结论与展望 / 165
8.1 主要结论 / 165
8.2 主要特色、创新点与理论贡献 / 168
8.3 理论与实践启示 / 172
8.4 局限性与未来研究方向 / 175

附录 调查问卷 / 177
参考文献 / 184

第1章 绪论

1.1 研究背景

跨国公司的雏形可以追溯到18世纪中叶，第二次世界大战以后这类企业大量而普遍出现。自从跨国公司出现后，其发展越来越迅速，规模越来越大，对世界的影响越来越深远。跨国公司实施全球经营战略，进行国际性投资，开展跨国兼并和收购，从事国际贸易，推动了生产国际化、商品国际化、研发国际化、金融国际化，成为经济全球化和经济一体化的重要推动力量，并成为世界经济舞台的主力军。跨国公司还是技术开发的主要承担者，在世界科技开发和技术贸易领域发挥着举足轻重的作用，是当代新技术的主要源泉。跨国公司大规模的对外投资扩大了其母国的市场，促进了东道国的资本形成、技术进步，增强了东道国企业的竞争力，对母国和东道国经济产生了重大的影响（蒲明，2009a）。当跨国公司的经济实力超过大多数国家和地区以后，跨国公司对世界的影响超越了经济范畴（马杰、王杰和李淑霞，2002），渗透到政治领域，左右和影响母国和东道国的政府行为和政策。因此，对跨国公司的研究始终热度不减，涉及经济学、管理学、政治学、社会学、法学甚至历史学（薛求知，2008）。

在跨国公司的理论研究方面，早期人们对跨国公司的认识，重点放在两个方面：一是其独一无二的跨国经营行为，即对外直接投资活动；二是与对外直接投资活动相联系的结构性特征。诸如跨国的数目、所有权、海外经营活动的比重等。由于对外直接投资与跨国公司的内在联系，对跨国公司理论研究的出发点自然是对对外直接投资现象的解释。

1960 年，海默（Hymer）在其博士论文中首次对对外直接投资作了重要的分类。在第一类直接投资中，投资者之所以要求企业的控制权，是因为在外方不可信任的情况下，需要确保投资的安全性，或是为了回避汇率变动的风险。在第二类直接投资中，投资者要求企业控制权是为了排斥东道国当地企业的竞争，或是为了让投资过程中付出的有形和无形资产获得足够的回报。从那以后，对跨国公司和对外直接投资理论的研究基本上是沿着三条路线进行的，如图 1.1 所示。第一条是以产业组织理论为基础，以不完全竞争为条件的研究路线；第二条是以国际贸易理论为基础，以完全竞争为条件的研究路线；第三条是以企业管理、组织和战略理论为基础的研究路线。时至今日，由这三条路线所形成的理论可谓是一片“跨国公司理论丛林”。属于第一条路线的理论有“垄断优势论”“内部化理论”“折衷范式”等。属于第二条路线的有“产品生命周期理论”“比较优势论”等。属于第三条路线的有“跨国公司组织理论”“权变理论”等。该路线（跨国公司战略管理与组织理论）的研究起源的主要标志是斯托普福德（Stopford）和威尔斯（Wells）1972 年的著作《经营跨国公司：企业组织结构和子公司的所有权》。此后的研究沿着两个方向在发展，一个是组织理论研究，偏重于分析企业战略与组织结构的关系，以及组织结构的演进规律；另一个是权变理论，偏重于分析组织战略、组织结构或管理模式与环境之间的关系，强调企业业绩是企业组织适应环境的结果。两个方向的研究均以战略关系研究为中心，从不同的侧面突出了战略管理和协调的重要性，因而被人们称为跨国公司战略管理学派。除此之外，还有其他多种没有名目的关于直接投资的解释和观点。例如，亚历山大拉姆法勒希认为：许多投资往往基于防御性考虑，投资者为了避免竞争地位被削弱，而不是为了获取更高利润去投资。或者试图抢先占有一种有价值且有限的生产要素或资源，以防止其落入竞争对手手里。①

---

① 金润圭，倪峻，白露．跨国国际市场营销战略与过程［M］．上海：华东师范大学出版社，1992.

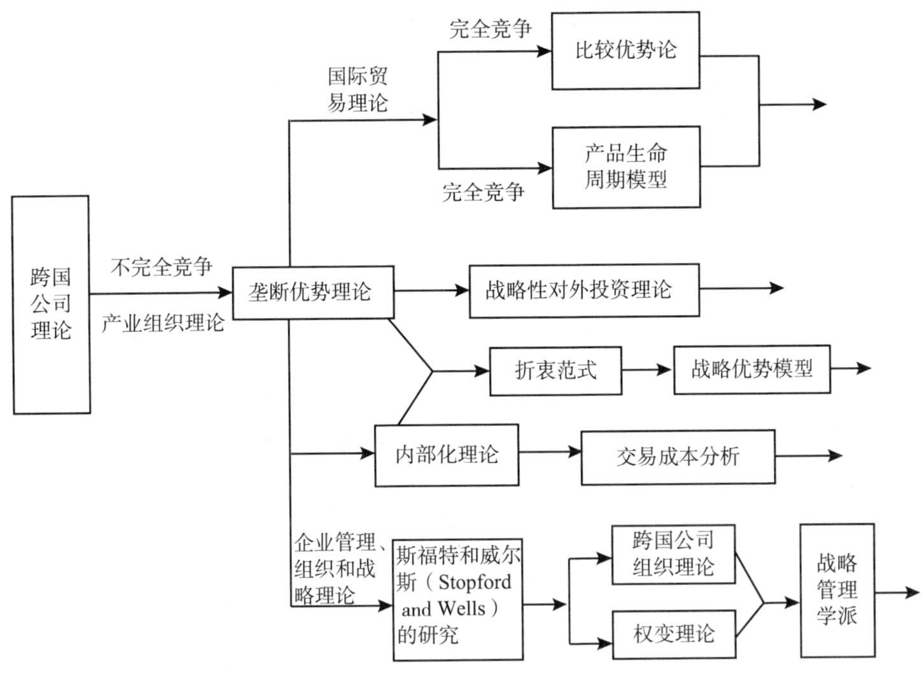

图 1.1　跨国公司理论的演进及其新发展

资料来源：刘海云．跨国公司经营优势变迁理论与实证研究［D］．武汉：华东科技大学，1999。

传统的跨国公司理论致力于解释跨国公司的存在，即解释跨国公司对外直接投资的原因，认为企业进行跨国经营是因为它们拥有某种优势，如海默（Hymer）的垄断优势，巴克利和卡森（Buckley and Casson）的内部化优势，邓宁（Dunning）利用 OLI 分析范式所讨论的所有权优势、内部化优势和区位优势。企业进行跨国经营是为了利用优势，因此传统的跨国公司行为可以认为是全球推广模式。跨国公司依赖于在母国建立的优势，在世界各地建立分支机构，不断推广和利用这些母国优势。全球推广模式的一个假设前提就是：跨国公司的母公司是公司竞争优势的唯一来源，母公司可以提供整个公司优势得以构建的全部资源和知识。但是，随着时代的变化，全球竞争形态的转变，跨国公司传统的优势正经历着不断的变迁，全球推广模式所能提供的竞争优势正在被削弱，跨国公司需要寻求新的竞争优势来源（薛求知，2008）。更为重要的是，有价值的知识正日趋分散化、多样化、全球化。越来越多的证据表明，更多的差异化和创新机会出现在分散的全球各地。同时越来越多的跨国公司已经建立了遍布全球的网络体系，不单纯是为了开阔新的市场和新业务，更是为了在全球范围内搜寻和获取这些有价值的差异化的资源和知识，并把它们当作构建差异化优势的重要来源①。

全球经营环境的变化和跨国公司行为的改变，使得传统理论已经很难对当今现象做出合理解释，这要求我们对跨国公司理论研究的焦点要从关注“存在机制”转移到关注“发展机制”上来，对跨国公司的认识也要从一个全新的角度去进行，跨国公司不仅仅意味着“一个由承担生产、销售或服务功能的子公司所构成的高效网络”，更应该是“一个不断从全球范围内搜寻和获取资源、知识，进行整合、创造，进而不断获取和更新优势的企业”（Doz，Santos and Wiliamson，2001）。同时，对跨国公司的母公司和子公司的关系，以及子公司的角色和地位也要进行重新审视。

这些都表明，伴随着网络经济时代的到来，子公司的地位和作用变得越来越重要。海外子公司不再只是作为母公司战略的执行者，母公司资源和能力的接受者和利用者，而逐渐成为跨国公司前沿思想的创造者、重要研究任务的承担者以及战略规划实施的积极参与者（Gupta and Govindarajan，1994；Hedlund，1986），成为跨国公司知识、创新和竞争优势的重要贡献者。相应地在理论研究方面，研究对象也开始从以母公司为研究焦点转移到以子公司为研究焦点（Birkinshaw and Hood，1998），并认识到子公司在跨国公司网络中承担着不同的角色，同时也认识到子公司的角色并非一成不变，而且存在着演化和发展。

子公司的成长和发展是跨国公司中普遍存在的现象。子公司的初始角色可能只是一个销售机构或分支工厂，随着子公司的成长，子公司开始逐渐承担高级的价值增值活动，如制造、研发甚至是地区管理。3M 公司在加拿大的子公司是在 1951 年设立的，当时主要从事销售和当地制造。在 1972 年它开始向美国出口某些产品，在 20 世纪 80 年代它吸引了一系列投资，成为世界范围的制造中心。在 20 世纪 90 年代，3M 公司加拿大子公司建立几个小的开发机构，主动发起几个新产品的开发（Birkinshaw，1995）。

学术上用子公司发展这个概念来描述在对外直接投资后子公司的成长和

---

① 韩燕. 当代跨国公司理论：文献综述［EB/OL］. https：//wenku. baidu. com/view/98c67109ba1aa8114431d91c. html.

演化，并开始针对子公司发展现象进行系统研究。随着研究的不断深入，子公司发展已经成为一个重要的理论流派。波金绍和胡德（Birkinshaw and Hood，1998）分析了子公司发展成为一个研究流派的原因：第一，跨国公司的演化很大一部分是由其外国子公司的变化而驱动的。子公司发展的过程表明了已经讨论很多的跨国公司内部价值增值活动更加广泛的国际分布的趋势。随着越来越多的战略资源远离传统的中心而积累，仅仅访谈或调查总部经理不可能完全理解跨国公司的现象。子公司经理的意见、态度和活动同样重要。第二，子公司获益并贡献于东道国经济的发展。子公司发展不仅有利于技术的溢出效应和领先集群的出现，而且能够有利于国家竞争力的提升，吸引投资和增加就业。第三，子公司发展代表了企业成长的一个有趣而特殊的现象。子公司发展相对于独立企业成长的独特性为子公司发展的研究提供了合法性和必要性。

近年来，子公司发展的研究不断深入，取得了丰硕的研究成果。随着研究的深化，一些深层次的研究问题不断涌现。同时新的视角、新的理论、新的方法的出现，也为开展子公司发展研究提供了必要的基础和手段。

1.2　研究问题与价值

1.2.1　研究问题

跨国公司网络组织的观点已经被广为接受。从网络的观点看，子公司的本质属性在于嵌入在内外两个网络之中。一个是由母公司和其他子公司所组成的内部网络；另一个是由东道国的顾客、供应商、竞争者等所形成的外部网络。嵌入性是新经济社会学的核心和标志性概念。嵌入性是指经济行为深深植入社会关系中（叶庆祥，2008）。正是因为那些嵌入于社会结构、人际关系等网络中的信息和经济关系，使得对任何商业活动的观察、分析和评价都离不开它所依附的经济社会网络。对于跨国公司子公司来说，其角色演化和发展受到它所嵌入的内部网络和外部网络的影响，从而使嵌入性成为分析子公司发展的重要视角，也使嵌入性成为贯穿本书研究的逻辑主线。

如前所述，在子公司发展研究领域，学者们从多个层面对子公司发展的不断探索推动着子公司发展研究的不断拓展和深化，也不断引发出了一些深层次的研究问题。具体包括以下六个方面。

第一，已有研究往往从不同的视角探讨子公司发展的驱动因素，研究结论之间存在着不一致性。从跨国公司管理视角的研究强调母公司对子公司发展的重要作用，从子公司视角的研究强调子公司主导行为对子公司发展的重要作用，从东道国视角的研究强调东道国环境对子公司发展的重要作用。而有些研究则分别选取母公司、子公司、东道国的一些因素，考察这些因素对子公司发展的影响，这种研究可能陷入无法穷尽的困境。本书试图克服从以上三个视角研究子公司发展的局限，从子公司的本质属性或者说从子公司的战略定位——嵌入性来研究子公司发展。

现有关于子公司嵌入性的研究往往考察一种嵌入性，要么集中于分析内部嵌入性的影响，要么集中于分析外部嵌入性的影响，几乎没有同时考察子公司内部和外部嵌入性影响的经验研究（Meyer，Mudambi and Narula，2011；Ciabuschi，Holm and Martin，2014）。现有关于子公司发展的研究大多侧重于子公司能力的研究，而子公司发展不仅体现在能力的提升，也表现在业务范围的扩大。基于此，本书同时考察内部嵌入性和外部嵌入性与子公司发展（包括业务范围和能力水平）的内在联系，这样更有利于揭示战略因素对子公司发展的影响以及子公司发展的内在规律。因此，本书的第一个研究问题是：嵌入性如何影响子公司发展？

第二，在子公司嵌入性的现有研究中，尤其是实证研究大部分是以嵌入性作为解释变量，研究其对子公司绩效、创新等方面的影响。很少有研究探讨子公司嵌入性的来源，即哪些因素影响子公司的嵌入性，从而导致对嵌入性的认识是只知其果，不知其因。在现有子公司主导行为的研究中，一般认为网络嵌入促进主导行为，其基本逻辑是子公司在网络中发现了机会，促进了子公司的创业行为。而本书认为，子公司意欲开展主导行为，才增加网络嵌入以识别创业机会，获取资源。因此，本书的第二个研究问题是：嵌入性与主导行为之间的因果关系如何？

第三，现有研究尽管建立了主导行为与子公司发展之间的理论联系，包括主导行为与业务范围以及主导行为与子公司能力之间的关系，但对于主导行为影响子公司发展的作用机制基本没有涉及。

子公司开展主导行为是创业的过程，也是识别机会、开发机会的过程。在这一过程中子公司需要不断获取知识、管理知识、应用知识，促进了子公司组织学习，组织学习又促进了子公司发展。现有子公司组织学习的研究文献中往往关注组织学习的单一维度知识获取，如德哈纳拉等（Dhanaraj，Lyles，Steensma and Tihanyi，2004）和帕克（Park，2010），而没有涉及组织学习的其他过程。事实上，子公司开展主导行为不仅促进知识获取，也促进了知识在子公司内的复制、传播、理解、存储等过程。因此，本书的第三个研究问题是：主导行为如何通过组织学习以及组织学习过程影响子公司发展？

第四，现有研究关注了网络嵌入对子公司发展（主要是子公司能力）的影响，但没有充分揭示网络嵌入对子公司发展（子公司能力）影响的内在机制。在子公司组织学习的文献中，大部分研究关注的是组织学习的结果，很少有研究分析组织学习过程的作用。而子公司发展也是一个组织学习的过程，是子公司吸收知识、应用知识、创造知识的过程（蒲明和毕克新，2017）。基于此，本书采用组织学习的过程观点，分析嵌入性对组织学习过程的影响，组织学习过程对子公司发展的影响。因此，本书的第四个研究问题是：网络嵌入如何通过组织学习过程影响子公司发展？

第五，组织学习是一项复杂的组织活动。既然是组织活动，就必然受到环境因素的影响，而产业环境又是影响组织活动的重要环境变量。因为不同的产业在利润率、竞争程度、资源和知识的需求等方面存在着差异，所以产业的差异在很大程度上决定了组织行为的差异，进而决定了组织从网络中学习的差异。也就是说，不同的产业导致子公司的嵌入性不同，从而使子公司的组织学习存在差异。即使在嵌入性一定的情况下，处于不同产业的子公司组织学习的效果也可能存在差异。因此，本书的第五个研究问题是：子公司所在产业如何影响嵌入性与组织学习的关系？

第六，组织学习的主体是组织。既然组织学习的主体是组织，就必然受到组织层面因素的影响。对于子公司而言，子公司主导行为（initiative）是指不连续的、超前的任务承担（undertaking），它为公司使用或扩展资源提出了新方式（Kanter，1982；Miller，1983）。子公司主导行为本质上是创业、创新的过程，促使子公司增加网络嵌入性获取信息和知识。子公司的主导行为影响了子公司从事组织学习的意愿和努力程度，进而决定了组织学习的效果。波金绍（Birkinshaw，1997）也指出子公司主导行为有利于促进子公司的组织学习。而在以往关于组织学习的研究中，组织能动性并未引起学者们的重视。因此，本书的第六个研究问题是：子公司主导行为如何影响嵌入性与组织学习的关系？

1.2.2 研究价值

从理论角度看，本书的研究价值体现在：

第一，有助于深化子公司嵌入理论的研究。现有关于子公司嵌入性的研究要么集中于内部嵌入性的考察，要么集中于外部嵌入性的考察，无法区分内部嵌入性和外部嵌入性的不同作用。而且现有研究大多把嵌入性作为解释变量，分析其对子公司能力、创新、绩效等方面的影响，但是很少有研究把嵌入性作为被解释变量，分析子公司嵌入性的影响因素，导致人们对嵌入性的来源认识不足。本书首先把内部嵌入性和外部嵌入性同时纳入分析框架，考察双重网络嵌入性的前因变量和后果变量，并揭示内在的作用机制，有助于丰富对子公司嵌入性的认识，深化子公司嵌入理论研究。

第二，有助于深化企业能力理论和竞争优势理论的研究。子公司发展得益于子公司能力的提升和竞争优势的增强。尽管现有研究分析了嵌入性与企业能力之间的关系，但是并没有揭示嵌入性作用于企业能力的内在机理，而且很少有研究关注主导行为对子公司能力的影响及作用机制。本书将考察主导行为以及嵌入性对子公司能力的影响和内在影响机制，能够深入揭示企业能力和竞争优势的来源与演化。

第三，有助于深化子公司发展理论的研究。现有关于子公司发展的研究基本都是从三个层面开展分析：母公司指派、子公司选择、东道国环境决定。不同层面的研究往往得出不同的结论，强调不同的侧重点。由于跨国公司本身是一个网络组织，子公司的本质属性在于其同时嵌入在跨国公司内部网络和东道国外部网络中，因此从网络视角研究子公司发展问题，能够揭示网络主体之间的关系对子公司发展的影响。在此基础上，本书进一步深入挖掘子公司嵌入性的影响因素主导行为并探究主导行为对子公司发展的影响，从而揭示出主导行为对子公司发展、嵌入性对子公司发展的两种作用机制，丰富了子公司发展理论的研究。

第四，本书有助于深化组织学习理论的相关研究。企业的知识基础观认为，知识是企业竞争优势的来源，从而凸显出组织学习的重要作用。现有文献虽然研究了嵌入性与组织学习的关系，但忽视了权变因素的作用。本书试图揭示权变因素对嵌入性与组织学习关系的影响，深化对嵌入性与组织学习之间关系的认识，完善组织学习理论的研究。

此外，本书提供了转型经济及发展中国家背景下的实证研究。管理理论强调情境的作用，不同的情境可能产生不同的结论。现有子公司理论大多来源于西方发达国家的实证研究，而来源于广大发展中国家和转型经济国家的研究并不多见。来自西方发达国家的子公司理论不一定对发展中国家和转型经济国家的子公司适用。本书以跨国公司在中国子公司为样本。中国是世界上最大的发展中国家，目前正在经历着深刻的社会转型和经济转型，中国经济的高速发展吸引了大量的跨国公司来中国进行投资，也为跨国公司在中国子公司的发展提供了良好的条件。因此，基于中国情境的子公司发展研究不但能够检验和审视现有子公司理论，还能丰富子公司理论的研究情境，得到新的发现和新的理论。

从实践角度看，本书的研究具有三方面的意义：

第一，有助于母公司对子公司的管理。由于子公司的角色具有差异性，母公司应该进行差异化管理。同样，子公司角色也是不断演化的，随着子公司自身资源及能力的积累，子公司的战略地位会逐渐提升。因此，母公司的管理模式也要随着子公司角色的不断演化适时进行调整，对子公司进行动态管理。另外，母公司可以根据子公司发展的机制有效管理子公司的发展，通过相应的政策和资源促进或限制子公司的发展。

第二，有助于子公司推动自身角色的发展。子公司在很大的程度上可以决定自身的角色和发展。子公司可以通过发挥自身的主导行为和企业家精神，加强网络嵌入关系，强化组织学习，不断积累自身的资源和能力，促进子公司的发展，提升在跨国公司网络中的战略地位，获得更大的经营自主权，增加与母公司讨价还价的能力。

第三，有助于东道国采取适当的政策来引导子公司的发展。当地环境对于子公司的活动有重要的影响，进而影响子公司发展。子公司发展有利于东道国的经济发展、技术进步、就业增加和企业竞争力提升。东道国可以通过改善由顾客、供应商、竞争者和政府所构成的当地环境来促进、引导和管理子公司的发展。

1.3 研究内容与研究方法

1.3.1 研究内容

依据相关理论，本书构建了如图 1.2 所示的理论模型。本书把子公司嵌入性分为内部嵌入性和外部嵌入性，采用组织学习的过程观点，把组织学习分为知识获取、信息扩散、信息解释、组织记忆四个过程，从业务范围和能力水平两个维度测度子公司发展。本书首先研究子公司嵌入性的前因和后果变量，认为主导行为影响了子公司在内部网络和外部网络中的嵌入性，网络嵌入性会促进子公司组织学习，组织学习促进子公司发展。然后进一步分析

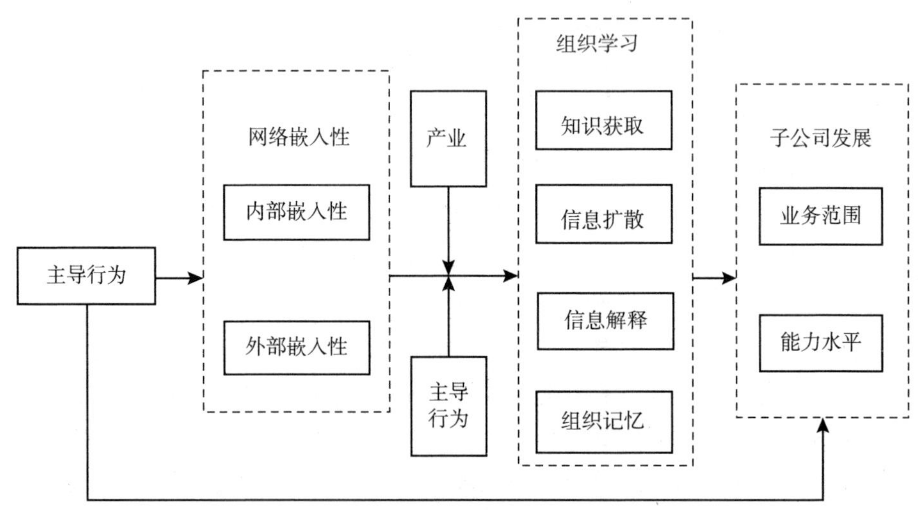

图 1.2 本书的概念模型

两种中介机制，即主导行为通过组织学习影响子公司发展的中介机制，网络嵌入通过组织学习影响子公司发展的中介机制，最后研究子公司所在产业和主导行为影响嵌入性与组织学习关系的调节机制。

具体而言，本书的研究内容如下：

第一，子公司嵌入性的来源及对子公司发展的影响。超越以往大多数研究把嵌入性作为解释变量的现象，本书首先分析子公司嵌入性的影响因素即主导行为，认为网络是子公司的战略资源，子公司采取主导行为，自然会增加网络的嵌入性，进而从网络中获取更多的资源。本书在此基础上，超越从母公司、子公司、东道国三个层面因素对子公司发展影响的讨论，研究嵌入性与子公司发展的内在联系。本书认为子公司的独特情境在于其嵌入在跨国公司内部和外部两个网络之中，网络嵌入性能够影响子公司从网络中获取的信息、机会、资源和知识，从而影响子公司的业务范围和能力水平。基于以上分析，本书将系统运用子公司理论、社会网络理论、资源基础理论、知识基础理论、创业理论等剖析主导行为与嵌入性、嵌入性与子公司发展之间的关系，并用经验数据进行检验。

第二，主导行为、组织学习对子公司发展的作用机制。在建立主导行为与组织学习、组织学习与子公司发展关系的基础上，本书进一步研究主导行为通过组织学习促进子公司发展的作用关系。具体而言，子公司开展主导行为会促进组织学习，组织学习过程促进了知识的获取、理解和应用，从而促进子公司发展。基于以上判断，本书将运用子公司创业理论、组织学习理论、子公司发展理论研究组织学习在主导行为与子公司发展之间的中介作用，并用经验数据检验中介效应的存在和性质。

第三，嵌入性、组织学习对子公司发展的作用机制。嵌入性也并非直接作用于子公司发展，而可能是通过组织学习影响子公司发展。具体而言，嵌入性促进了子公司在内部网络和外部网络的学习，有利于子公司知识的获取、应用和创新，从而促进子公司业务范围的扩大和能力水平的提升。基于以上分析，本书将运用社会网络理论、资源基础观、知识基础观、组织学习理论、子公司发展理论研究组织学习在嵌入性与子公司发展之间的中介作用，并用大样本数据验证中介效应是否存在以及是完全中介还是部分中介效应。

第四，权变因素影响下的网络嵌入与组织学习关系。即考察不同的权变因素对嵌入性与组织学习关系的调节作用。具体而言，本书在进一步挖掘嵌入性与组织学习关系的基础上，引入子公司所在产业和主导行为两个调节变量，认为在高科技产业中的子公司，嵌入性对组织学习的作用更强，子公司具有较多的主导行为能够强化嵌入性对组织学习的作用关系。基于以上判断，本书运用社会网络、组织学习、公司创业等理论系统剖析嵌入性与组织学习的关系以及子公司所在产业和主导行为对两者关系的调节作用，并用经验数据来验证主效应和调节效应。

1.3.2 研究方法

本书综合运用定性和定量研究方法，注重理论研究和实证研究的结合。多种研究方法的运用能够提高研究的准确性和结论的可靠性。具体而言，本书运用了以下研究方法：

1.3.2.1 文献研究法

笔者阅读了国内外大量相关文献，国外文献主要是发表在国际顶级期刊上的文章，包括 SMJ、AMJ、AMR、ASQ、SMJ、JIBS、JWB、IBR 等，国内文献主要包括专著、博硕士论文、期刊论文。通过对大量文献的阅读和梳理，理清了相关理论的研究脉络，掌握了相关研究的现状，明确了现有研究的不足以及突破点，为整个研究的选题、模型构建、假设推演、研究设计、结果讨论等提供了坚实的理论基础。

1.3.2.2 调查研究法

本书在构建理论模型后，明确各个变量，以现有成熟量表为基础，结合中国情境以及专家和企业家的意见，对量表进行完善，然后采用对跨国公司在华子公司进行问卷调查的方法收集数据。

1.3.2.3 访谈法

本书在问卷调查的过程中，走访了一些子公司，对子公司的中高层管理者进行了访谈，以便了解子公司发展的动因、过程、结果，以及在问卷填答过程中是否存在问题，本书还将访谈资料与问卷资料进行比对，以便检验问卷数据的真实性和可靠性。

1.3.2.4 统计分析法

本书在获取问卷数据后，使用多种统计分析技术，如因子分析、相关分析、回归分析等对问卷数据进行处理，以便验证本书所提出的模型，检验相关假设，得到研究发现。

1.4 技术路线与结构安排

1.4.1 技术路线

在具体的研究中本书注重理论研究和实证研究相结合，技术路线如图 1.3 所示。在理论研究方面，本书基于大量国内外相关理论，通过理论演绎构建理论模型，提出相关研究假设。在实证研究方面，本书通过问卷调查收集企业数据，采用统计分析技术，检验理论模型，验证相关理论假设。

1.4.2 结构安排

本书总共分为八章内容，各章之间的逻辑关系及其所要解决的关键问题可以用图 1.4 表示。

第 1 章，绪论。依据研究背景，提出本书的逻辑线索和研究问题，明确研究目标和研究意义，说明研究内容和研究方法，并从总体上介绍本书研究思路和整体结构安排。

第 2 章，文献综述。系统梳理跨国公司子公司理论的研究成果，在此基础上，进一步梳理子公司主导行为理论、组织学习理论、网络嵌入理论，重点评述现有理论的研究现状，识别现有研究的不足，从而引出本书的研究问题和研究内容，归纳本书的基本研究要素，明确本书的研究理论基础。

理论背景
文献研究
现实背景
提出研究问题
构建理论模型
主导行为—网络嵌入—组织学习—子公司发展
问卷调查
主导行为、网络嵌入与子公司发展
主导行为、组织学习与子公司发展
网络嵌入、组织学习与子公司发展
权变因素下的网络嵌入与组织学习
实证研究设计
研究假设
变量测度
实证分析
数据分析与整理→统计分析→假设检验→结果与讨论
研究与展望
结论、创新与贡献、不足与展望

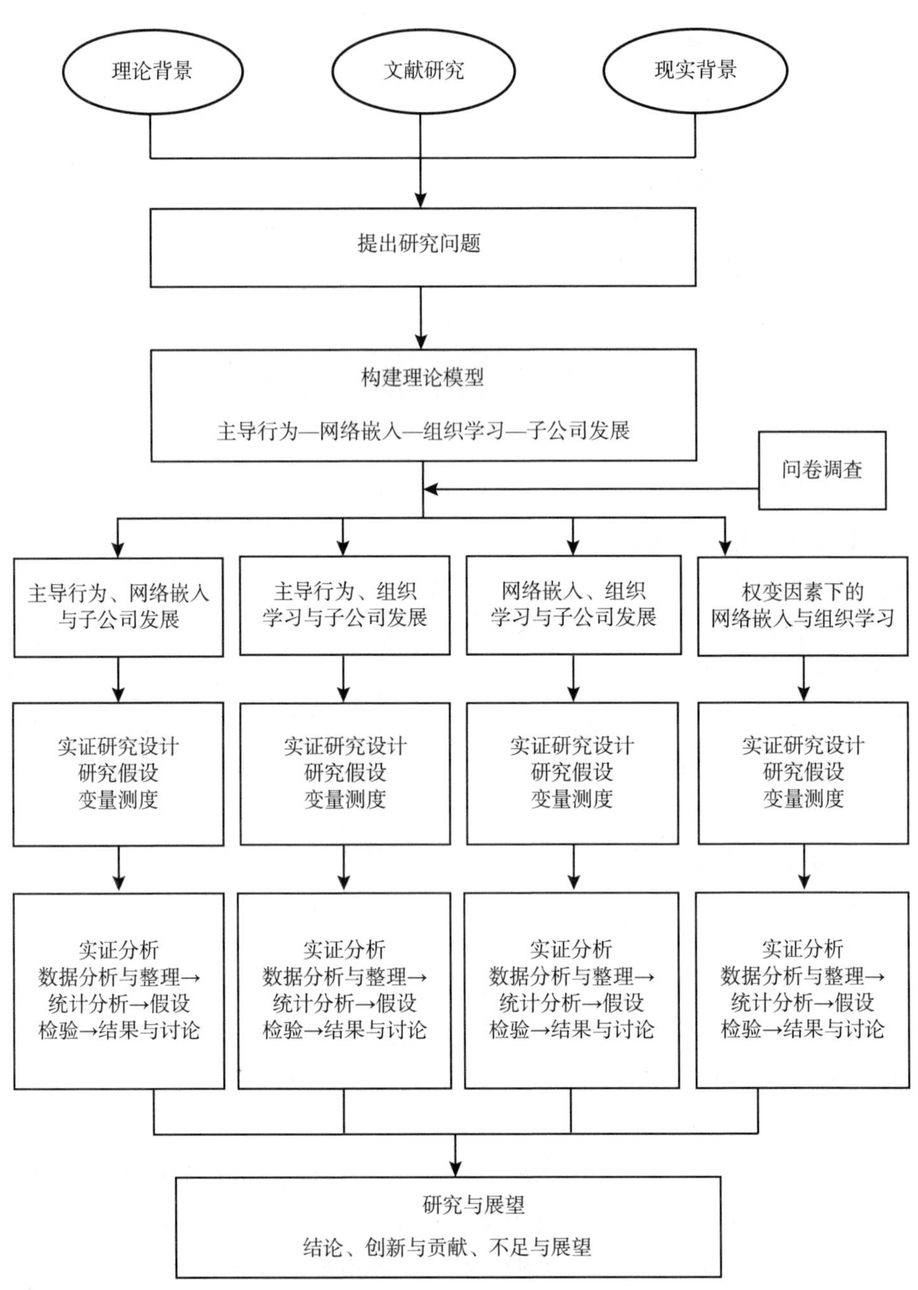

图 1.3　本书的技术路线

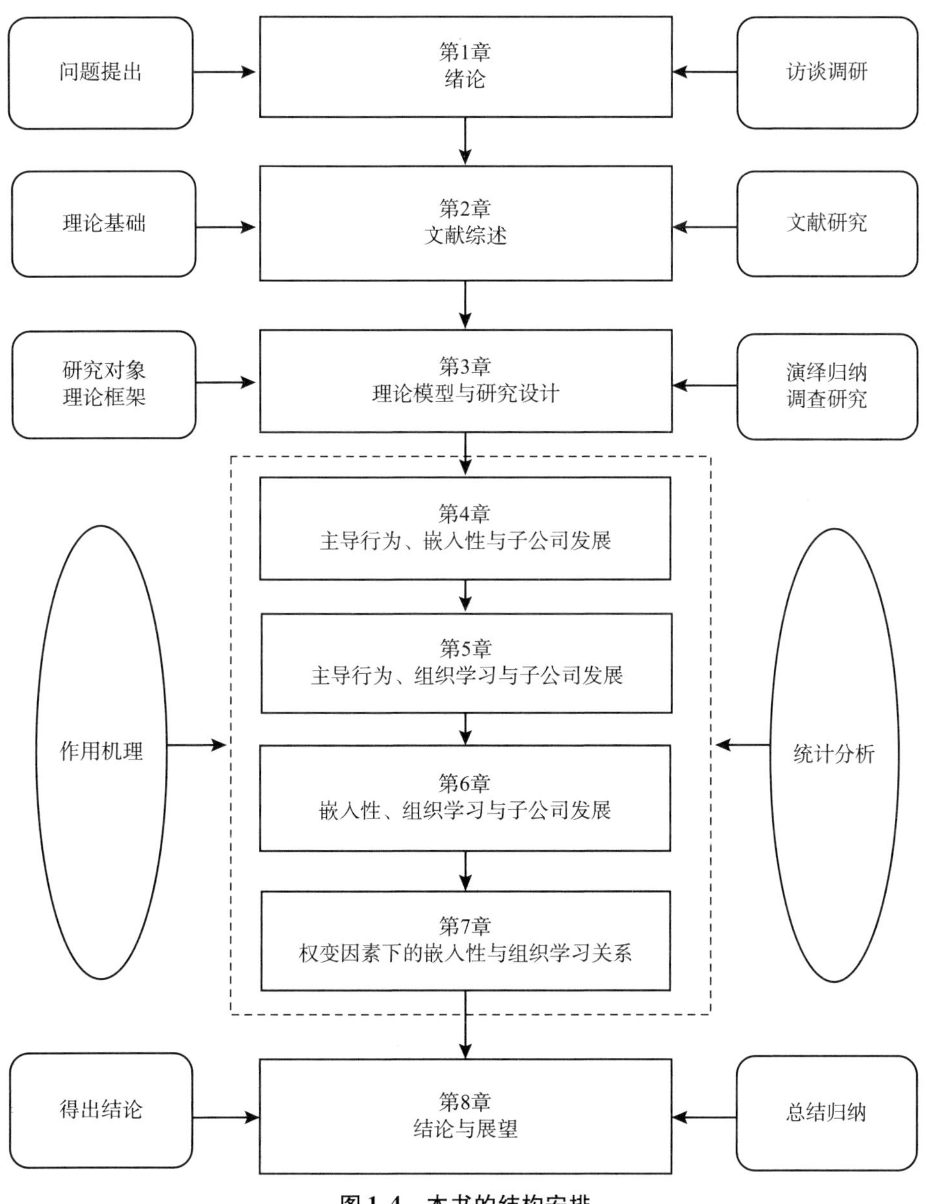

图 1.4　本书的结构安排

第 3 章，理论模型与研究设计。针对研究问题，选择网络嵌入为逻辑主线，根据对子公司发展现象的抽象和基于相关理论的推演，构建子公司发展的理论模型。系统阐述主导行为、嵌入性、组织学习与子公司发展构念之间的内在联系以及不同权变因素下嵌入性与组织学习的关系，阐明研究设计，描述样本特征，说明数据分析方法。

第 4 章，考察主导行为、网络嵌入性与子公司发展之间的关系。从相关理论和现有研究入手，深入剖析主导行为与嵌入性、嵌入性与子公司发展之间的理论联系，并构建出相关理论假设，通过对调查数据的统计分析来检验所提出的理论假设，并对研究结果进行细致讨论，总结其中所蕴含的理论和实践启示。

第 5 章，考察主导行为通过组织学习影响子公司发展的内在机制。运用相关理论分析主导行为对子公司组织学习的影响，组织学习对子公司发展的影响，在此基础上探究组织学习在主导行为与子公司发展之间的中介作用，并构建出相关理论假设，通过对调查数据的统计分析来检验所提出的理论假设，并对研究结果进行细致讨论，总结其中所蕴含的理论和实践启示。

第 6 章，考察嵌入性通过组织学习影响子公司发展的内在机制。运用相关理论深入分析嵌入性对组织学习的影响以及组织学习在嵌入性与子公司发展之间的中介作用，提出相关理论假设，通过对调查数据的统计分析来检验所提出的理论假设，并对研究结果进行细致讨论，总结其中所蕴含的理论和实践启示。

第 7 章，考察不同权变因素对子公司嵌入性与组织学习关系的作用。基于相关理论，阐述子公司所在产业和主导行为对子公司嵌入性与组织学习关系的调节作用，提出相关假设，通过对调查数据的统计分析来检验所提出的理论假设，并对研究结果进行细致讨论，总结其中所蕴含的理论和实践启示。

第 8 章，结论与展望。归纳出全书的主要研究结论，提出本书的主要创新点，明确本书的理论贡献及对管理实践的意义，指出本书存在的不足和有待进一步改进的方向。

第2章 文献综述

2.1 子公司主导行为

2.1.1 子公司主导行为的定义

在波金绍（Birkinshaw，1997）的开创性文章中认为子公司主导行为（initiative）是母国以外的跨国公司子公司所发起的一种分散的创业活动，而不是由跨国公司总部发起的，并遵循坎特（Kanter，1982）和米勒（Miller，1983）把子公司主导行为定义为不连续的、超前的任务承担（undertaking），它为公司使用或扩展资源提出了新方式。

施特鲁岑贝格尔和安波斯（Strutzenberger and Ambos，2014）在公司创业思想的基础上，把子公司主导行为定义为组织子单位的创业性、前摄性行为，以影响组织的战略制定。子公司主动地提出如新产品或过程设计，对它们实施和分布，导致公司更大范围内的战略变革。

2.1.2 子公司主导行为的分类

波金绍和他的同事把子公司主导行为分为外部主导行为和内部主导行为。

外部主导行为是指在公司边界以外识别机会并通过与当地的顾客、供应商或其他股东的相互作用而发展，内部主导行为是在公司边界以内识别机会并通过子公司管理者与跨国公司系统中其他行为者的相互作用而出现（Birkinshaw，2000；Birkinshaw and Fry，1998）。德莱尼（Delany，2000）把子公司主导行为分为领域发展的主导行为、领域巩固的主导行为和领域防卫的主导行为。领域发展的主导行为是拓展子公司的委任；领域巩固的主导行为是寻求稳定或强化子公司现在的地位；领域防卫的主导行为是保护子公司的地位或证明子公司的存在。维伯克等（Verbeke，Chrisman and Yuan，2007）把子公司主导行为分为子公司更新的主导行为和子公司开创的主导行为。子公司更新的主导行为是指对子公司已存在领域的重大变革，包括子公司战略、结构、系统和流程，而子公司开创的主导行为是指创造新的业务。

2.1.3 子公司主导行为的影响因素

波金绍等（Birkinshaw，Hood and Jonsson，1998）提出影响子公司主导行为产生的主要因素包括子公司管理（子公司强力管理与企业家文化）、母子公司间关系（子公司自主程度与母子公司间沟通程度）以及子公司所在环境（地区竞争与国际化程度）等。施密德等（Schmid，Dzedek and Lehrer，2014）认为子公司主导行为的影响因素体现在三个层面：环境层面、组织层面和个人层面。环境层面影响因素包括国家特征、当地市场/产业特征；组织层面的影响因素包括母公司情境和子公司情境；个人层面的影响因素包括子公司管理者和员工。也有学者认为三个因素解释了跨国公司子公司主导行为的存在（Dörrenbächer and Gammelgaard，2011）：第一，子公司在环境中偶然发现有利可图的商业机会；第二，子公司有浓厚的兴趣增加在跨国公司中的地位，并通过主导行为保护他们的长期生存；第三，子公司管理者不愿意把他们的角色局限在执行母公司的命令，他们的创业性人格促使他们从事主导行为。德仁拜驰和盖摩哥德（Dörrenbächer and Gammelgaard，2016）强调母公司在子公司主导行为中的重要作用。子公司的主导行为需要得到母公司的批准和额外的资源支持。母公司需要对子公司主导行为进行评估，以保证子公司主导行为是为了跨国公司整体利益，而不是为子公司自身利益。

薛求知和侯世军（2005）认为内部化是跨国公司产生的一个重要条件，但在一定程度上会损害跨国公司子公司创业创新精神。跨国公司网络化的组织结构或者组织结构的网络化兼容了价格和指令两种交易方式，可以在一定程度上缓解内部化对子公司创业创新精神的伤害。徐梅鑫和刘祯（2012）认为母公司控制会影响子公司主导行为，而子公司特定优势又会影响母公司控制与子公司主导行为之间的关系。

施特鲁岑贝格尔和安波斯（Strutzenberger and Ambos，2014）系统地总结了子公司主导行为的前因变量，包括：子公司角色，跨国公司的结构（如子公司自治）和关系（如母公司关注）配置，子公司合法性和可信性，子公司影响和权力，子公司年龄、规模和进入模式，母子公司关系，创业文化，在东道国的资源接触和嵌入性（商业关系），竞争性的东道国环境，子公司特定的能力和优势，子公司管理者前摄的行为和创业个性、能力以及自我决定和自我效能，子公司领导和子公司高管团队构成，等等。

2.1.4 子公司主导行为的过程

按照波金绍（Birkinshaw，1997）的观点，子公司主导行为是一个创业过程，开始于机会的识别，直至获得这个机会必需的资源承诺。按照创业过程的观点，子公司主导行为可以包括三个阶段：第一，机会识别；第二，主导行为推销、评价和批准；第三，资源的承诺和执行。施特鲁岑贝格尔和安波斯（Strutzenberger and Ambos，2014）用了更为概括的提法，把子公司主导行为过程概括为三个阶段：子公司主导行为的动因（antecedents）、子公司主导行为的实施过程（implementation）及子公司主导行为的结果与产出（outcomes）。

2.1.5 子公司主导行为的结果

利奥卡（Liouka，2007）验证了子公司主导行为与子公司创业绩效正相关，创业绩效对子公司整体绩效有直接的、积极的影响。安波斯和波金绍（Ambos and Birkinshaw，2010）指出当与跨国公司的其他单位进行比较时采取主导行为的子公司无论是在财务上还是在管理上都经营得更好。子公司主导行为能够促进子公司资源的积累和能力的增强（Bouquet and Birkinshaw，2008；Dorrenbacher and Geppert，2010）。汪建康（2007）发现子公司的主导行为越高，企业集团母子公司治理绩效越高。迪梅揣特思等（Dimitratos，Liouka and Ross，2009a；Dimitratos，Liouka and Young，2009b）发现子公司的创业产出对于东道国的经济发展有积极的、显著的影响。子公司主导行为能够影响子公司已经存在的业务（子公司更新）或者意在子公司内创造全新的业务（子公司创业）（Verbeke et al.，2007）。德莱尼（Delany，2000）以及波金绍和胡德（Birkinshaw and Hood，1998）揭示出子公司主导行为能够影响子公司发展/演化，并能影响子公司角色。子公司对母公司的反向知识转移是子公司主导行为最重要的结果之一（Rabbiosi and Santangelo，2013）。

施密德等（Schmid et al.，2014）系统地概括了子公司主导行为的研究领域，如表2.1所示。

2.2 子公司嵌入性

2.2.1 嵌入性的定义

嵌入性概念的正式提出最早见于经济史学家波兰尼（Polanyi）的研究中，他认为“人类经济嵌入并缠结于经济与非经济的制度之中”。格兰诺维特（Granovetter，1985）把经济活动放到了更为宽泛的社会和人际关系的背景下，认为经济行为实际上是嵌入在社会网络中或非正规的社会关系之中。从此以后，“嵌入性”视角得到更为广泛的重视，并成为目前美国新经济社会学的一个基础性概念。经济学认为人是理性的行动者，能够按照最大化原则进行选择和决策。另外，社会学认为人的行为完全受到社会规则和价值体系的影响，缺乏个体行动和选择的自由（蒲明，2008a）。格兰诺维特（Granovetter，1985）认为经济学对人的概念是欠社会化的（undersocialized），而社会学对人的概念是过度社会化的（oversocialized）。格兰诺维特（Granovetter）批评了经济学中对人类行为的欠社会化概念和社会学中对人的

表2.1 子公司主导行为研究领域

前因		子公司主导行为概念		后果	
环境层面	国家特征 • 东道国的战略重要性 • 要素输入的相对成本 • 东道国政府的支持 当地市场/产业特性 • 当地市场动态性 • 跨国环境 • 产业特征和全球化	子公司主导行为类型	来源场所/应用场所 • 内部市场主导行为 • 全球—内部混合主导行为 } 内部主导行为 • 当地市场主导行为 • 全球市场主导行为 } 外部主导行为 与子公司领域的关系 • 领域开发主导行为 • 领域巩固主导行为 • 领域防御主导行为 • 子公司更新主导行为 • 子公司冒险主导行为	环境层面结果	国家层面结果 • 东道国经济发展 当地市场/产业层面结果 • 行业要约与结构 • 前向和后向垂直联系
组织层面	公司情境 • 子公司自治 • 子公司特许/委任 • 跨国公司组织结构 • 战略动机和控制 • 子公司整合 • 内部资源分配的竞争性 • 程序公正性 • 母公司管理者的倾向/态度 子公司情境 • 子公司资源和能力 • 母子公司沟通和关系 • 外部契约和导向 • 子公司可信性、声誉和记录 • 创业导向和文化 • 子公司权力和影响 • 子公司价值增值范围 • 子公司特性 • 子公司主导行为特征	子公司主导行为目标	• 子公司员工个人需要的满足 • 新的外部业务产生 • 内部经营的改善 • 能力和资源的开发	组织层面结果	公司层面结果 • 跨国公司学习 • 主导行为的成本（如缺少聚焦，内部市场管理） • 子公司特许/委任 • 子公司自治 • 公司内部竞争 子公司层面结果 • 子公司绩效 • 子公司资源和能力 • 子公司价值增值范围 • 母子公司关系（信任，可信性） • 母公司关注和可见性 • 母公司监督 • 子公司地位、权力和影响

续表

前因		子公司主导行为概念		后果	
个人层面	子公司管理者/员工 • 个人动机和驱动力 • 个人能力和技能 • 创业态度/导向	子公司主导行为过程	过程阶段 • 主导行为机会识别 • 主导行为推销、评价和批准 • 资源承诺与执行	个人层面结果	没有

资料来源：Schmid S，Dzedek L R，Lehrer M. From rocking the boat to wagging the dog：A literature review of subsidiary initiative research and integrative framework［J］. Journal of International Management，2014，20：201 –218。

过度社会化的概念，认为行动者并不是在社会情境以外行动，也不是完全遵守已形成的规范和价值系统，经济行为是嵌入在社会关系之中。在国际商务领域，子公司嵌入性被定义为焦点子公司与其伙伴之间在开发产品和生产过程中的相互适应（Andersson，Forsgren and Holm，2007）。

2.2.2 嵌入性的分类

格兰诺维特（Granovetter，1985）认为嵌入性可以分为结构嵌入和关系嵌入。那哈皮特和戈沙尔（Nahapiet and Ghoshal，1998）认为结构嵌入涉及社会系统和关系网络整体上的属性，描述了人们或单位之间联系的客观结构；关系嵌入是指人们通过相互作用的历史彼此之间形成的人际关系。关系嵌入观点强调企业相互间直接紧密的联系是获取优质精确信息的机制，结构嵌入强调合作伙伴在网络中所占据结构位置的信息价值。

祖金和迪马吉奥（Zukin and Dimaggio，1990）进一步把嵌入性分为四类：认知嵌入性、文化嵌入性、结构嵌入性和政治嵌入性。认知嵌入性是指导经济逻辑的结构化心理过程；文化嵌入性指实现经济目标的共享的信念和价值观；结构嵌入性关注的是行为者之间联系的性质和结构；政治嵌入性是指对经济力量和动机的政治和制度的限制。

安德森等（Andersson，Forsgren and Holm，2002）进一步把子公司的关系嵌入分为业务嵌入性和技术嵌入性。业务嵌入性反映了企业改变自己业务行为以适应外部业务合作伙伴的程度，以及这种联系的宽度。技术嵌入性反映了关于企业吸收新知识能力的一些企业联系，是由于外部顾客或供应商的联系而改变产品或工艺开发过程改变的程度。

2.2.3 跨国公司网络组织与子公司的嵌入性

信息网络技术的发展促进社会经济网络化程度不断加深。社会网络视角和方法日益被用于分析跨国公司及其海外子公司的经济行为。全球竞争环境日益动荡、复杂，跨国公司系统中纵向层级式结构已经难以适应这种环境变化的需要。跨国公司需要运用具有更强柔性的异质型组织（Hedlund，1986）

和一体化网络（Bartlett and Ghoshal，1989）等网络化的组织原理或者组织结构在多元化的职能、地区和业务之间进行良好的协调和平衡，采取网络化的管理模式才能适应战略环境的剧烈变革并获取全球竞争优势和全球效率的最大化。

随着跨国公司多维度的不断扩张，母子公司之间、子公司之间也日益形成网络化的社会经济关系。按照诸多学者（Hedlund，1986；Bartlett and Ghoshal，1989；Ghoshal and Bartlett，1990）的看法，跨国公司系统本身就是一种嵌入在外部组织网络中的内部差别化的网络组织，而子公司成为网络组织的一个重要组成部分。在罗利亚和戈沙尔（Nohria and Ghoshal，1997）对差异化跨国公司模型的可能拓展的讨论中，强调需要认识到跨国公司不仅是一个组织间网络，而且每一个跨国公司单位的环境也是其他组织，如顾客、供应商、管理者和竞争者的网络。赞费（Zanfei，2000）首次提出跨国公司中存在相互依存的内部网络和外部网络的“双网络”概念。因此，不管是正式的还是非正式的，海外子公司总是同时处于跨国公司内部网络和外部网络两种社会网络之中，两种网络中存在广泛的物质、信息和知识的流动。这些社会网络构成了跨国公司与所处环境之间非常重要的互动关系。内部网络就是海外直接投资基础上由跨国公司母公司、姐妹公司及其他分支机构之间通过各种联系构成的网络。这种网络表现为体系内部的国际分工，通常包括公司总部、内部公司客户、内部公司供应商、内部公司研发单位等利益相关者。其中母子公司之间的关系长期成为主导性的关系。跨国公司的内部网络是一种基于效率（efficiency）和有效性（effectiveness）的动态结构，它不具有对称性或组织的产品与地区之间的平衡（刘婷，2006）。外部网络就是子公司与东道国的供应商、顾客、竞争对手、政府机构等利益相关者之间联结构成的网络。

基于网络理论和嵌入理论的研究，跨国公司子公司作为网络中的结点实际上是嵌入在跨国公司的内、外两个网络中。由此，子公司的网络嵌入性可以划分为母公司集团嵌入（或内部嵌入）和东道国本地嵌入（或外部嵌入）两种形式（Andsrsson and Forsgren，1996），见图 2.1。内部嵌入是海外子公司与母公司和母公司下属的其他子公司间形成的网络关系；外部嵌入则是子公司与东道国当地的顾客、供应商、竞争者或其他利益相关者形成的网络关系。网络本身是无边界的，它具有极强的延展性与渗透力。此外，内部网络与外部网络之区分是一个相对而言的概念，它们以企业的所有权作为模糊边界线，称之为“模糊”的边界（刘婷，2006）。企业中的某一单元既属于企业内部结构，也是企业与外部关联的结点，并成为其他企业中的一员。因此在图2.1中内部网络与外部网络之间以虚线来表示。

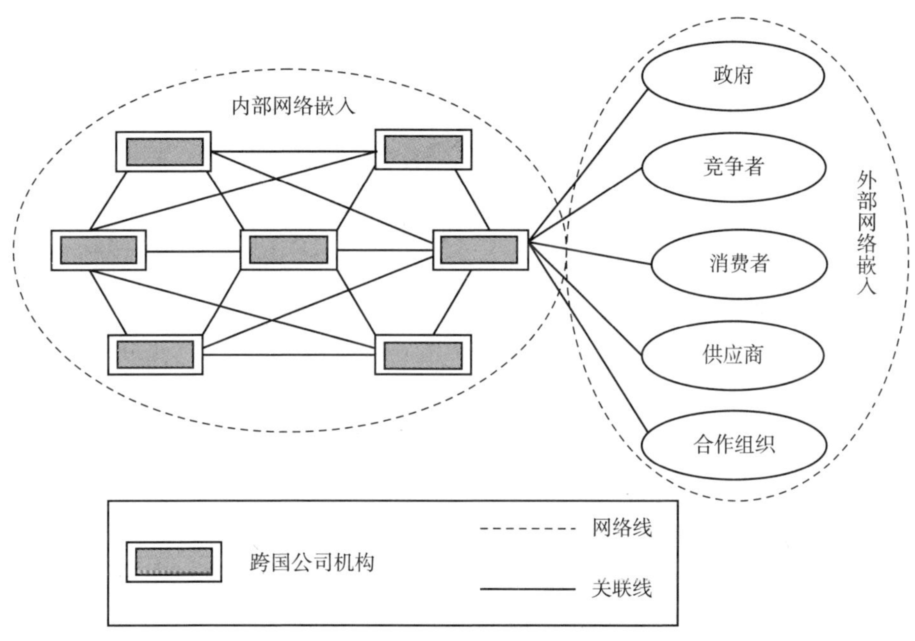

图2.1　跨国公司子公司的双重网络嵌入模型

资料来源：刘婷．服务业跨国公司网络研究——基于海外机构的网络嵌入性［D］．上海：复旦大学，2006：126。

2.2.4　子公司嵌入性的实证研究

对于跨国子公司网络嵌入研究做出重要贡献的是安德森（Andersson）和福斯格伦（Forsgren）。自从20世纪90年代中期起，两位学者对跨国子公司的网络嵌入做了一系列的研究，这些研究中有把子公司网络嵌入当作自变量的，也有把子公司网络嵌入当作因变量的（张慧，2007）。

安德森和福斯格伦（Andersson and Forsgren，1996）研究了子公司嵌入性与跨国公司控制之间的关系，并用78家瑞典跨国公司的子公司进行了实证分析。结果表明，子公司的外部嵌入性越高，母公司的控制程度越低；子公司的内部嵌入性越高，母公司的控制程度越高。这表明子公司的行为既受到母公司对子公司控制的影响，也受到与子公司具有业务关系的外部行为者的影响，两种力量存在着竞争关系。安德森和福斯格伦（Andersson and Forsgren，2000）研究了子公司作为卓越中心在跨国公司中的作用，并用瑞典跨国公司98家子公司的数据进行了实证研究。结果发现，外部嵌入性对子公司影响跨国公司战略决策有显著的正向作用，外部嵌入性对跨国公司经理人感知到的子公司重要性有显著的正向作用。安德森等（Andersson，Forsgren and Holm，2001）探讨了子公司层次嵌入性的本质和它在公司层次的作用，研究子公司外部技术嵌入性、市场绩效和对跨国公司能力发展的重要性之间的关系，并用瑞典跨国公司的97家子公司进行了实证研究。结果发现，子公司的外部嵌入性是子公司市场绩效和子公司作为跨国公司能力提供者角色的重要预测指标。安德森等（Andersson et al.，2002）同样基于97家瑞典跨国公司子公司的数据探讨了外部网络的关系嵌入性作为战略资源对跨国公司绩效和能力发展的重要性。实证结果表明，技术嵌入与子公司市场绩效及其对跨国公司能力发展的影响都有正相关关系；通过外部技术嵌入，外部业务嵌入间接的影响跨国公司产品和过程发展、子公司的市场绩效。安德森等（Andersson，Bjorkman and Forsgren，2005）研究了母公司的控制机制、子公司当地嵌入和知识创造之间的关系，并基于140家芬兰和中国的子公司进行了实证研究。结果表明，外派人员的使用与子公司当地嵌入负相关；强调知识发展的子公司绩效评估、强调利润的子公司绩效评估都与子公司当地嵌入正相关；子公司当地嵌入与其知识创造正相关。安德森等（Andersson et al.，2007）的研究表明子公司当地商业网络的强度和影响取决于子公司在跨国公司内提供技术的程度。子公司强大的商业网络并不能够增加子公司的组织内权利。当总部对子公司的商业网络有充分了解时，它会平衡或缓和强大子公司的影响。亚民和安德森（Yamin and Andersson，2011）发现内部嵌入性与子公司对产品开发的重要性负相关，但与其对生产开发的重要性不相关，而且内部嵌入性降低了外部嵌入性对子公司生产开发重要性的积极影响。内尔和安德森（Nell and Andersson，2012）解释了子公司关系嵌入程度的变化，证明了商业网络情境的复杂性和子公司关系嵌入程度的强烈的倒U形曲线关系。纳智费－泰维尼等（Najafi－Tavani，Axele and Andersson，2014）的研究发现子公司的知识基础活动（知识开发和反向知识转移）在网络活动（母子公司嵌入、外部嵌入）与子公司影响力之间发挥中介作用。

国内学者有代表性的关于子公司嵌入的研究如下：李元旭和王宇露（2010）分析了海外子公司的东道国网络结构对网络学习效果的影响，发现海外子公司东道国网络的关系嵌入强度对网络学习效果有显著的正向影响，网络中心度、群体中心度、网络密度对网络学习效果都有显著的正向影响。武立东和黄海昕（2010）认为服从理性原则的子公司不会无限制增加对企业集团网络的嵌入程度；网络嵌入为实施内部主导行为创造条件；实施外部主导行为的子公司基于理性原则要降低网络嵌入。王世权等（2012）认为在母子公司关系网络内，子公司的网络嵌入性对子公司创业有重要的影响；联合价值创造和价值攫取在网络嵌入性对子公司创业影响中具有中介效应；子公司自主权在子公司网络嵌入性对子公司创业的影响中具有调节效应。蒲明和毕克新（2013）的研究表明内部嵌入性对跨国子公司成长能力有重要的影响，这种影响通过知识获取的中间传导促成。子公司所在产业负向调节了子公司内部嵌入性与知识获取的关系。蒲明和毕克新（2017）立足于跨国公司子公司所嵌入的内部网络，引入组织学习的过程观点，构建内部嵌入性对跨国子公司发展影响机理的理论模型。研究发现内部嵌入性有助于子公司能力水平的提高，但对子公司业务范围的影响不显著。知识获取、信息扩散、信息解释、组织记忆分别在内部嵌入性与子公司能力水平之间发挥中介作用。李杰义等（2018）的研究表明跨国公司的网络嵌入性具有双重特征，即海外网络嵌入和本土网络嵌入，双重网络嵌入性对创新绩效具有正向的影响，吸收能力正向调节双重网络嵌入性与创新绩效之间的关系。杜健和周超（2018）引入本土企业网络与外资企业网络的双网络效应，探索外资企业网络对企业的跨国动态能力在机会感知、资源获取以及资源重构三个维度上的影响以及两类网络之间的内生关系。在中国204家跨国企业数据的基础上，研究发现外资企业网络关系嵌入性正向影响了跨国企业动态能力的三个维度，本土企业网络关系嵌入性正向调节外资网络关系嵌入性对跨国动态能力三个维度的影响。

2.3 子公司组织学习

1936 年，怀特（Wright）在生产系统中发现了学习效应，即在产品生产过程中，单位成本随着经验的累积而下降，他把这种效应归结为员工在重复某种工作时产生的学习效应，采用学习曲线加以度量。1953 年西蒙（Simon）发表论文《组织的诞生：经济合作管理》，在文中西蒙把政府组织根据外界影响而调整其自身结构的过程视为一种组织学习的过程。1958 年，马奇和西蒙（March and Simon，1958）提出了组织学习的概念："企业在不断变化的外界环境和日益复杂的内部环境中，通过组织的、分层的学习活动来获取知识，提高能力，不断克服困难，最终导致企业的行为与环境变化保持一致。"1963 年，赛博特（Cyert）与马奇（March）提出组织学习是组织适应环境变化、辅助组织决策的工具。1965 年，坎杰洛西（Cangelosi）和帝欧（Dill）在《管理科学季刊》上发表题为《组织学习：对一个理论的观察》一文，开创了组织学习理论的先河。但是在组织学习研究领域中公认的最具代表性的人物要数阿吉里斯（Argyris）和舍恩（Schon）（隋静，2005）。1978 年，阿吉里斯和舍恩的《组织学习：行动视角的理论》一书出版，他们提出"组织学习"的概念，并定义为"发现错误，并通过重新建构组织的'使用理论'（人们行为背后的假设，却常常不被意识到）而加以改正的过程"，由此阿吉里斯也被誉为"组织学习"之父。这之后系统研究组织学习的学者开始陆续出现。在接受了批评声音"组织学习仅仅是个体学习出色的变种"后，管理学大师彼得·圣吉（Peter M. Senge）1990 年从系统科学和一般动力学出发提出"学习型组织"管理理念，野中郁次郎（Nonoka）等人 1994 年提出"SECI 组织学习转化模型"，使组织学习理论研究很快进入高潮，从而把组织作为一个有机系统，使得企业组织更具有自身特质，并从本质、方法、措施等方面使组织学习能够有效地走向实践领域。

2.3.1 组织学习的界定

2.3.1.1 学习扩散的观点

基于学习由个人学习、团队学习、组织学习三个层面组成的观点，库克和雅诺（Cook and Yanow，1993）认为组织学习是以表达和传播的人作为工具媒体，通过团体的集体行为来获得、维持或改变多数人知识的行为。西蒙（Simon，1991）提到所有的学习都发生在个人头脑中，而组织学习是通过两种途径实现：一是组织成员学习；二是吸收新成员，且这些成员拥有组织缺乏的知识。西蒙将组织学习解释为在组织背景下的个人学习。

2.3.1.2 知识管理的观点

邓肯和威斯（Duncan and Weiss，1979）认为组织学习不仅是个人学习的汇总，而且是牵涉到将个人的学习，经过与他人共享、评估与整合的一种学习过程。施瓦斯塔瓦（Shrivastava，1983）认为组织学习就是发展和塑造组织知识基础的过程。菲奥尔和莱尔斯（Fiol and Lyles，1985）认为组织学习是通过理解和获得更丰富的知识来提高行为能力的过程。斯德塔（Stata，1989）认为组织学习的发生是建立在过去的知识与经验，也就是组织记忆的基础之上的共享的实现、知识与心理模型等。根据组织学习的知识运作，加文（Garvin，1993）认为组织通过创造、获取和转移知识，进而修正其行为以反映新的知识与看法的过程即为组织学习。

2.3.1.3 环境适应性观点

阿吉里斯（Ayeris，1990）描述组织学习是组织对于内部或外部环境的刺激，以累积的、互动的、有目的的方式予以观察、评估和采取行动的能力。迈尔斯（Meyers，1990）认为，组织学习是企业的一种能力，观察、评估并以积累的、相互作用的、目的明确的方式对来自组织内部和外部的刺激采取行动。埃德蒙森和茅艾珍（Edmondson and Moingeon，1998）认为组织学习是组织成员积极主动地利用有关资料与信息来规划自己的行为，以提高组织持续适应环境能力的过程。陈国权和马萌（2000）认为组织学习是组织不断努力改变或重新设计自身以适应不断变化的环境的过程，是组织的创新过程。

2.3.1.4 过程的观点

利普希茨等（Lipshitz，Popper and Oz，1996）描述组织学习为一种过程，通过这种过程，组织成员可以引发共享价值观以及他人过去的经验和知识。阿吉里斯和舍恩（Argyris and Schon，1978）将组织学习定义为组织变革的一种过程。尼维斯等（Nevis，DiBella and Gould，1995）认为组织学习是组织以过去经验为基础，维护或改进绩效的一种能力或过程。

2.3.1.5 结果的观点

斯维林格和维尔斯摩（Swieringa and Wierdsma，1992）认为组织学习是组织行为的改变。斯莱特和那沃（Slater and Narver，1995）也将组织学习视为一种促使组织改善其行为绩效的学习，并且组织学习能增进组织对新知识或者观察力的开发。道奇森（Dodgson，1993）认为组织学习是一个组织或企业，在组织文化下与各类活动中，用以增补或建构知识及常规的方式，可以经由员工技能的增进，以调整或开发组织的效率。基姆（Kim，1993）认为组织学习是增进组织采取行动的能力，可以经由个人学习成效的累积来达成，并透过心智模型建立一个联结个人学习与组织学习的架构。

2.3.1.6 过程和结果的观点

为克服单纯结果或过程视角的偏差，一些学者采取了综合的办法，同时从结果和过程两个视角来描述组织学习这一现象。例如，丹尼尔等（Daniel，Marie－Claude and Gregory，2000）将组织学习定义为一个组织有意识或无意识的过程，这一过程使得组织记忆（organizational memory）的获得、更新成为可能，因而能够为组织活动提供方向。

2.3.2 组织学习的类型

按照学习内容，沙因（Schein，1993）把组织学习分为获得知识和洞察力、习惯和技能的学习以及情绪化和习得焦虑三项内容。

按照学习类型，阿吉里斯和舍恩（Argyris and Schon，1978）定义了两类组织学习，即“单回路学习”（single-loop learning）和“双回路学习”（double-loop learning），两者的区别就在于是否对组织的基本准则和目标进行修正，如果进行了修正，则为“双回路学习”。1982 年，他们又提出了“再学习”的概念。

按学习层次划分，麦纳和美兹（Miner and Mezias，1996）把“组织学习”可以分为四个层次：第一，个体学习，即激励个体学习新技能、新规则和形成新的价值观；第二，团队学习，即利用自组织小组或联合攻关小组等形式来激励学习；第三，组织学习，即通过建构组织结构和文化来促进组织学习；第四，组织间的学习，即不同组织间相互借鉴、相互学习以提高组织效率。

按学习策略划分，马奇（March，1991）把可以分为两类：一是探索式学习，即组织成员不断搜寻并试验新的组织活动形式及程序来提高组织效率；二是开发式学习，即组织成员学习如何提炼和改善现有的组织活动形式及程序，以提高组织效率。

按学习目的划分，富尔默等（Fulmer，Gibbs and Keys，1998）可以分为三类：一是维持学习，即学会处理日常工作、制定短期工作计划的一种学习形式；二是危机学习，即依靠应变策略来处理危机和动荡的一种学习形式；三是期望学习，即对问题或未来形势进行预测的一种策略学习。

按生命周期阶段，迈尔斯（Meyers，1990）把组织学习划分为四种类型：一是创造性（creative）学习，重点在于对问题的定义及活动与答案的建构，属于初创期以及创新期的学习类型；二是适应性（adaptive）学习，重点在于建立各种程序、角色、法则，以塑造组织运作系统，属于成长期的学习类型；三是维持性（maintenance）学习，重点在于以过去经验及既存系统的修改来增加效率，属于成熟期的学习类型；四是变迁性（transitional）学习，重点在于如何解释、认知外界环境的讯息，属衰退期的学习类型。

2.3.3 组织学习的过程

阿吉里斯和舍恩（Argyris and Schon，1978）认为学习的过程包含四个阶段：第一，发现（discovery），发现预期的结果与实际情形间存在的差异；第二，发明（invention），分析绩效差距并寻找各种可能的解决方案；第三，执行（production），执行所制定出来的解决方案；第四，推广（generalization），评估过去的经验，并将成功的经验推广到组织的各个部门，使之成为组织的规范、惯例和政策。

达夫特和维克（Daft and Weick，1984）则将组织视为一个解释系统，并提出一个代表组织全面性学习过程的模型，从“扫描（scanning）—资料搜集”开始，经过“解释（interpretation）—赋予数据意义”，而到“学习（learning）—采取行动”，再回馈至前两个步骤并进而展开下一循环的过程。

休伯（Huber，1991）具体地从“知识”的角度划分组织学习流程，将组织学习系统地建构为四大构念：第一，知识获取（knowledge acquisition），是指经由天赋、经验、委托学习、移植、搜寻等方法来获取知识的过程；第二，信息扩散（information distribution），是指不同来源的信息得以共享并因此带来新的信息和理解的过程，它决定了组织学习的扩张和宽度；第三，信息解释（information interpretation），是指散布的信息被赋予一个或多个共同理解的解释的过程，或者说是一个将信息赋予意义、翻译事件、发展共同的理解和概念图景的过程；第四，组织记忆（organizational memory），是指知识得以存储以备未来使用的过程。

克罗森等（Crossan，Lane and White，1999）认为组织学习共包含直觉、解释、整合、制度化等四个过程，发生在个体、团队和组织三个层次。其中，个体层次对应的学习过程是直觉和解释，团队层次对应的学习过程是解释和整合，组织层次对应的学习过程是整合和制度化。

弗洛里斯等（Flores，Zheng，Rau and Thomas，2012）通过对1970～2009年的顶级文献进行回顾，识别出了共同出现的能够囊括学习环的六个子过程，它们分别是信息的获取、信息的分发、信息的解释、信息的整合、组织记忆和知识制度化。

2.3.4 跨国公司与子公司的组织学习

巴特利特和戈沙尔（Bartlett and Ghoshal）在《跨边界管理》一书中系统

提出了跨国公司全球学习的概念，并界定为：跨国公司在全球范围敏感地发现新的动向和趋势，积极响应并创新，然后在全世界范围内推广。对跨国公司组织学习行为的研究，经历了从适应性学习到战略性学习的转变。跨国公司的组织学习行为大致可以分为两部分（阎海峰和关涛，2006）：一是跨国公司从外部获取知识，这个过程的主角是通过各种方式在全球建立的子公司，这些子公司通过与当地企业建立的各种关系网络嵌入到当地环境中，获取各种知识和信息并创造出新的知识。这种学习行为可以视为一种组织间学习。二是跨国公司内部各国际单位之间知识的多重交流、分享与创造。这个过程既有赖于各地子公司创造、分享新知识的能力与意愿，更有赖于跨国公司总部的战略与组织能力。这种学习行为可以看作是一种特殊的组织内学习。

子公司在跨国公司知识网络体系中充当着重要的、不可或缺的角色，承担着重要的职责。一是知识的接受者。子公司接受的不仅仅是母公司转移而来的知识，同时也是其他子公司知识（经过整合后的）的接受者。二是知识的获取者。子公司在东道国经营过程中识别并获取当地的各种知识，并在此基础实现知识创新。作为知识获取者的子公司是跨国公司知识优势的重要来源。三是知识创造者。子公司需要根据当地实际，将转移来的知识进行适应性创造，以最有效的方式利用“外来知识”。四是知识转移者。子公司不仅接受“外来知识”，而且还承担着与母公司一起将自己的知识创新成果转移到母公司或其他子公司的职责。总之，在跨国公司知识网络中，子公司已成为重要的节点，是跨国公司发现国际市场机会、开发利用区域资源、学习国际化经营经验和创造竞争优势的重要工具（魏明，2011）。跨国子公司的组织学习可以包括三种类型：组织内学习、组织间学习、网络学习（王宇露，2009）。

在子公司向母公司学习方面，莱尔斯和索尔克（Lyles and Salk，1996）基于对匈牙利国际合资企业的调查研究了组织特征、结构机制和情境因素对国际合资企业从母公司获取知识的影响，并研究了知识获取对国际合资企业绩效的影响。结果表明适应机制（如学习能力、清楚表达的目标），结构机制（如母公司提供培训、技术和管理帮助）都有助于国际合资企业从母公司获取知识，知识获取有助于国际合资企业提高绩效，而对于双方各占50%股权的国际合资企业，文化冲突妨碍了知识获取。在跨国公司向子公司学习方面，刘明霞（2012）系统梳理了逆向知识转移研究，认为知识特点、内外网络嵌入、进入特点、子公司角色、当地特点、技术差距、地理距离、组织差异、文化差异、吸收能力、心理因素和组织机制因素，是影响逆向知识转移效果的主要因素。

在跨国公司知识转移方面，古普塔和戈文达拉扬（Gupta and Govindarajan，2000）对影响跨国公司四个领域内知识转移的因素进行了分析：知识流向其他子公司、知识流向母公司、知识由其他子公司流入、知识由母公司流入。他们根据沟通理论，认为五个因素将影响知识在跨国公司各单位的转移，分别是：流出单元知识存量的价值、知识流出单元的激励意向、传输渠道的多寡、流入单元的激励意向、流入单元的吸收能力。佐兰斯基（Szulanski，1996）认为影响知识转移的因素来自四个方面：知识的特性、知识来源的特性、知识接受者的特性、环境的特性。佐兰斯基通过对 8 家跨国公司中的 122 个最佳实践的转移进行定量研究发现，上述模型中的四类因素中对知识转移影响最大的有三种，即接受方缺乏吸收能力、知识的因果模糊性、知识来源方和接受方之间的不良关系，而最不具影响的因素是接受方缺乏保留能力。

2.4 子公司发展

2.4.1 子公司理论研究流派

在网络经济时代，子公司的地位和作用日益重要，相应地跨国公司和企业集团的研究焦点从母公司转向子公司，子公司理论的研究不仅吸引着战略管理和国际商务领域专家学者们的兴趣和关注，而且取得了丰硕的研究成果。彼得森和布鲁克（Paterson and Brock，2002）将子公司领域的研究分成四大学派：战略—结构流派、母子公司关系流派、子公司角色流派和子公司发展流派，如图 2.2 所示。

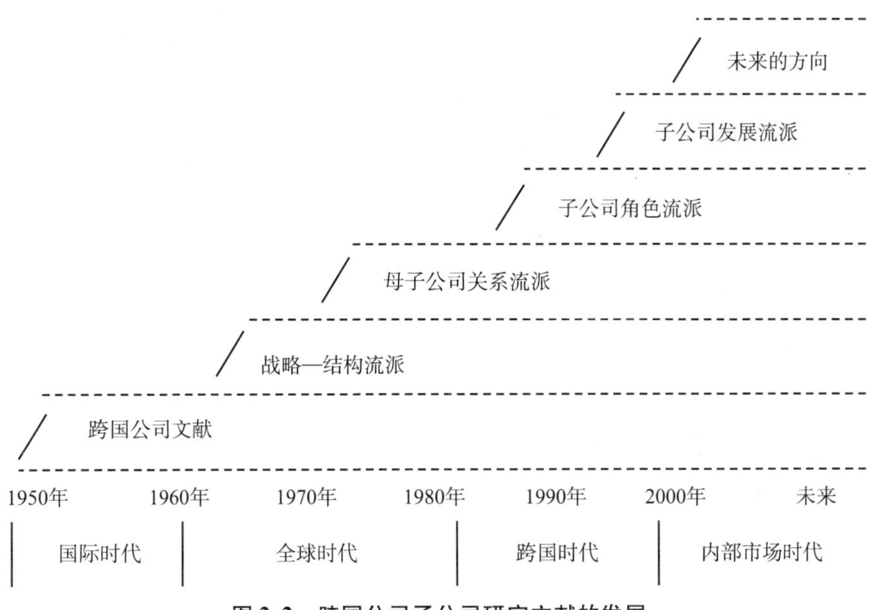

图 2.2　跨国公司子公司研究文献的发展

资料来源：Paterson S L，Brock D M. The development of subsidiary-management research：Review and theoretical analysis［J］. International Business Review，2002，11（2）：140。

战略—结构流派遵循着“环境—战略—结构”的逻辑框架，探讨企业集团应该采用什么样的组织结构对子公司进行管理。例如，斯福特和威尔斯（Stopford and Wells）模型以跨国公司海外销售的比重和产品多样化程度两个维度来描述跨国公司战略与结构的匹配关系和不同国际化阶段跨国企业组织结构的演化过程。整合/响应框架通过识别和分析跨国公司的四类经营环境，分析在不同的经营环境下跨国公司应采取的战略，进而确定跨国公司的组织结构，包括多国环境—多国国内战略—全球地区结构、国际环境—国际化战略—国际部结构、全球环境—全球战略—全球产品结构、跨国环境—跨国战略—全球矩阵结构。

20 世纪 70 年代以来，母子公司关系流派开始逐渐成为海外子公司理论研究的主流。母子公司关系流派开始将视线从跨国公司的总体层次转移到了跨国公司内部，重点研究了跨国公司母公司和子公司之间的纵向层级关系（赵景华和于鹏，2005），即母公司如何对其海外子公司进行有效的控制和协调，以达到总部的最大利益。跨国公司母子公司理论的基本研究内容主要在两个方面，包括母子公司关系的特征以及母公司对子公司的控制（黄曼丽和蓝海林，2006）。

与母子公司关系流派不同，子公司角色流派摆脱了层级式的纵向研究思路，开始从网络的角度来研究跨国公司。子公司角色流派认识到了各国子公司在跨国公司全球战略中承担的不同角色，并提出针对不同角色的子公司建立不同的控制与协调机制，从而有效避免了全球战略资源配置的不均衡。另外，子公司角色流派第一次将跨国公司海外子公司作为主要研究对象，并相应地将母公司作为研究的外部变量，这也适应了现实经营环境中子公司的地位与作用不断增强的趋势（赵景华和于鹏，2005）。

随着子公司角色流派研究的不断深入，人们发现子公司角色并非一成不变，而是存在着演化发展。另外，受网络思想的影响，子公司的自主性和创新意识不断增强，战略地位和重要性日益增加，单纯从静态角度分析子公司角色已经无法适应新的环境。因此，动态研究子公司角色以及角色演化规律的子公司发展研究应运而生，成为子公司研究领域的热点。子公司发展（subsidiary development）或子公司演化（subsidiary evolution）是在子公司建立或最初的对外直接投资发生以后外国子公司的演化和成长（Birkinshaw and Hood，1997）。德仁拜驰和盖摩哥德（Dörrenbächer and Gammelgaard，2006）把子公司角色发展定义为子公司产品范围、增值范围和市场范围的变化，因为每一种变化都表示子公司战略的根本转变。

2.4.2 子公司发展的现象分析

通过对50家西班牙子公司进行访谈，朱利奥和马丁内斯（Jarillo and Martinez，1990）对子公司角色进行了划分并研究其战略角色的演化。在其研究中发现，当地跨国公司（MNC）子公司的内部整合程度提高，部分公司呈现从“自主型”到“接受型”角色的演化。作者对此的解释是随着西班牙经济的逐渐国际化（欧盟经济一体化发展的结果），西班牙政府放松了对国外子公司的限制，同时母公司为了响应全球竞争，加强了集团内部整合程度，影响了子公司的演化。

塔格特盖尔（Taggart，1998）对171家英国子公司的统计研究表明，子公司具有战略演化的现象，他将子公司角色划分为积极型、自主型、接受型与静止型四种，发现子公司角色在其框架中是以逆时针的方向演化，即积极型部分会转变为接受型、接受型部分会转为静止型、静止型部分会转为自主型、而自主型部分会转为积极型，他对此的解释是子公司经理人很多情况下对于整合趋势不敏感，但是对于当地环境较为敏感，因此当地化程度增加幅度较大，同时反映出子公司战略主动性的增加。

常和罗森茨魏希（Chang and Rosenzweig，1998）采用案例研究方法，详细研究了索尼美国子公司1972～1995年经营活动的演化。两位学者从两个维度来考察索尼美国子公司：职能领域和业务领域。索尼美国子公司成立于1972年，起初公司不到50人，仅从事最终产品的组装。随着索尼美国子公司的发展，其职能领域从最初的产品组装，发展到当地采购、产品设计、战略决策；其业务领域从彩电发展到CRT、音频设备、磁带、显示器等。常和罗森茨魏希认为子公司演化是一个动态的、适应的过程，是一系列的环，每一个环都包括行为、反馈、评价和进一步的行动。

曾国军（2005，2006）以99家跨国公司在华子公司为样本，在业务范围和竞争能力的二维框架内研究在华子公司的演化。如图2.3所示，4类子公司均呈现逆时针旋转的趋势。战略中枢型组织在提高业务范围后又增强了竞争能

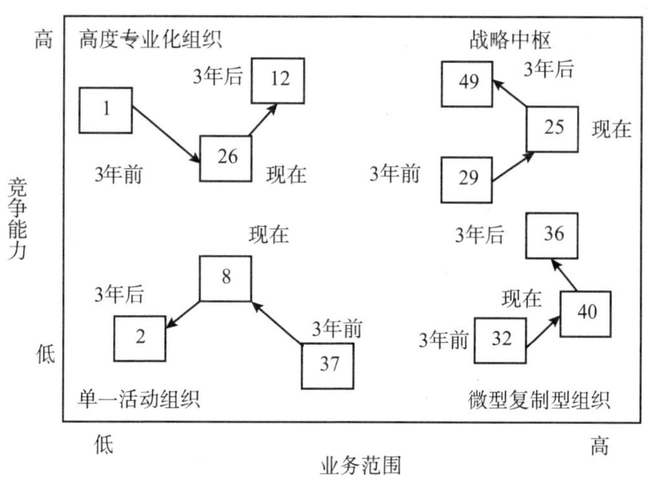

图2.3 业务范围、竞争能力框架下子公司战略角色的变化

资料来源：曾国军．跨国公司在华子公司战略角色演变的影响因素与路径：以业务范围和竞争能力为框架［J］．管理学报，2006，3（6）：695。

力，微型复制型组织不断地提高竞争能力，高度专业化组织则不断扩展业务范围，而单一活动组织在业务范围不断下降的情况下，其竞争能力也得不到提高。

2.4.3 子公司发展过程

萨金特（Sargeant，1990）认为成功的子公司与母公司关系随着时间而发展，并把三个发展阶段命名为童年、青年、成年。波金绍（Birkinshaw，1998）在回顾营销卫星型新企业时提出他们经过四个阶段的演化过程：销售子公司、当地销售和制造、地区中心和世界产品委任。

德莱尼（Delany，2000）提出了子公司发展的八阶段模型如图 2.4 所示。第一阶段，建立子公司。第二阶段，满意地实行基本的委任。第三阶段，以优异的方式完成基本的委任。第四阶段，扩展基本委任：低风险的行动。第五阶段，扩展基本委任：战略开发。第六阶段，成为跨国公司的战略中心。第七阶段，成为跨国公司关键活动的战略中枢。第八节阶段，成为跨国公司的战略顶点。

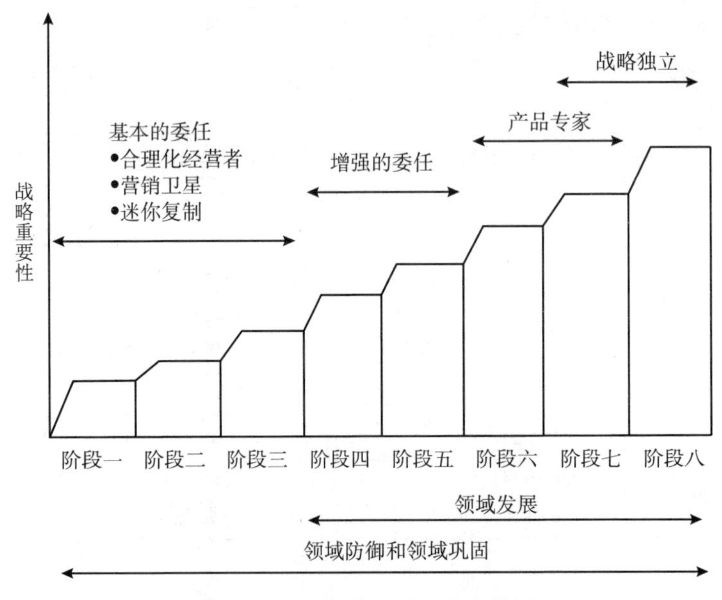

图 2.4 子公司发展的八阶段模型

资料来源：Delany E. Strategic development of the multinational subsidiary through subsidiary initiative-taking [J]. Long Range Planning，2000，33（2）：220－244。

2.4.4 子公司发展的动因分析

波金绍和胡德（Birkinshaw and Hood，1998）从子公司的能力和特许两个维度来考察子公司演化。能力是子公司通过组织过程开发和利用资源或资源的组合以实现预期目标的能力。特许是指由母公司授予的、子公司参与实施并负有责任的业务或业务要素，可以是子公司服务的市场、制造的产品、采用的技术、覆盖的职能领域，或者这些因素的任意组合。波金绍和胡德认为子公司演化可以根据子公司能力的提高或下降，以及特许的确定或取消来进行界定，即子公司的发展包括能力的提升和特许的确立；子公司的衰退包括能力的下降和特许的消失，他们提出了五种子公司演化的一般过程模式：第一，母公司驱动的投资。母公司的特许扩大导致子公司能力的提升。第二，子公司驱动的特许扩展。子公司能力的提升导致特许的扩大。第三，子公司驱动的特许增强。子公司增强已存在的能力，保持其特许。第四，母公司驱动的撤资。子公司失去了某些产品、技术或市场的特许，逐渐导致其能力的衰退。第五，子公司忽视导致的衰退。公司因管理不善，缺少竞争，导致其能力随时间逐渐衰退，子公司的绩效下降，导致母公司收回特许。

关于子公司角色演化的影响因素，波金绍和胡德（Birkinshaw and Hood，1998）强调了三个主要的因素。第一个因素是总部指派，总部指派是子公司演化的重要决定因素。这包括跨国公司自身的因素如全球环境的变化、资源的可获得性、全球重组和其他子公司的竞争。更多的因素在跨国公司控制范围领域，包括指派给子公司的特许变化、感知的能力、技术发展、母公司偏好集权控制的倾向。第二个因素是子公司选择，即认为子公司的角色可能是子公司选择的结果，子公司管理阶层可以在很大程度上决定子公司的角色，包括子公司管理层增加自治和增加网络重要性的意愿、子公司的主导行为等。第三个因素是当地环境。当地环境包括区位重要性、资源、竞争情况、当地机构（如政府、产业组织、社会团体、供应商、消费者）等因素。这些因素都影响子公司对当地需求的响应力及其创新的能力。

彼得森和布鲁克（Paterson and Brock，2002）在其综述文章中根据波金绍和胡德（Birkinshaw and Hood，1998）所提出的三种机制，进一步总结了每一种机制下的具体影响因素，并总结了子公司发展的结果，如图2.5所示。

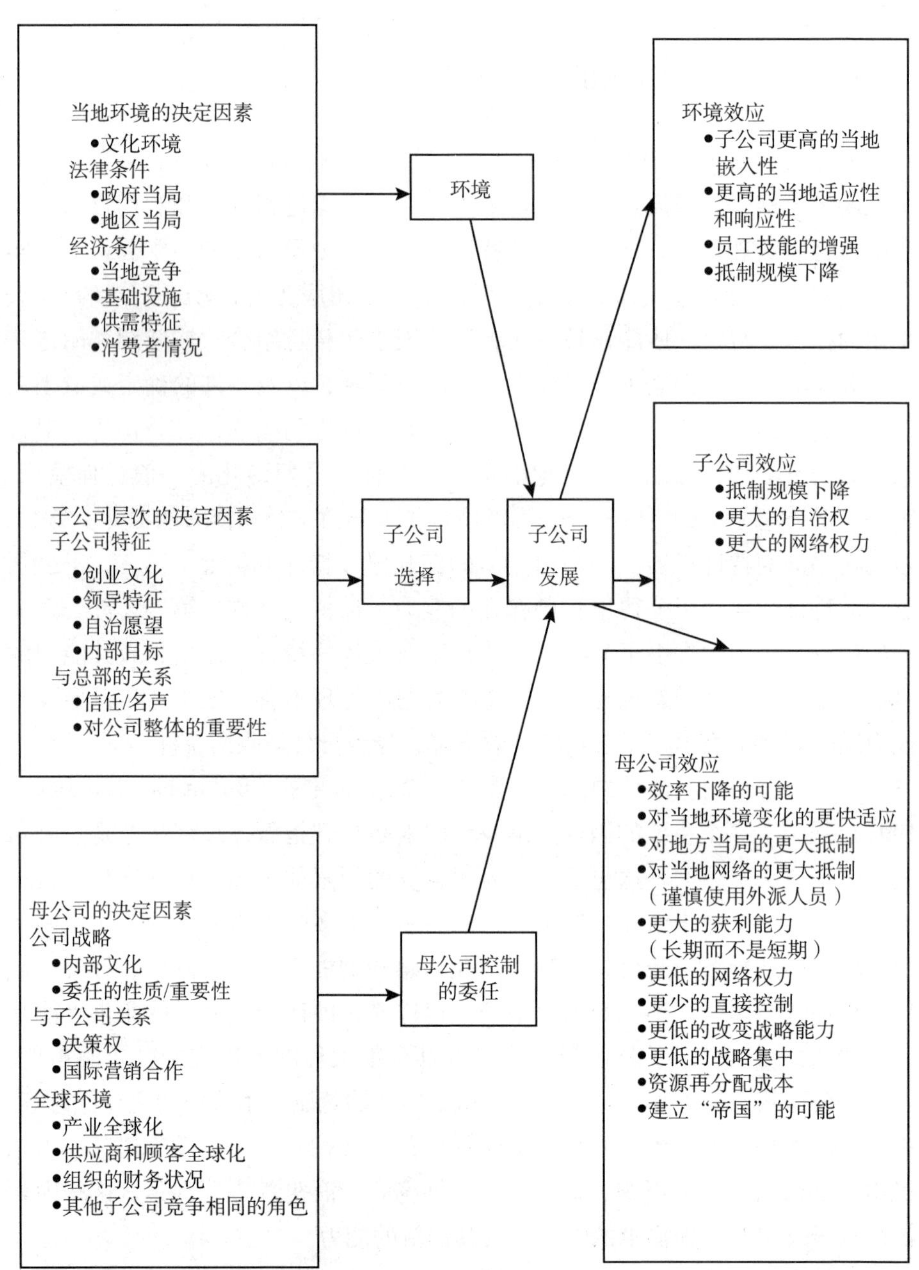

图 2.5 子公司发展的原因与结果

资料来源：Paterson S L，Brock D M. The development of subsidiary-management research：Review and theoretical analysis［J］. International Business Review，2002，11：149。

不同的研究视角强调影响子公司发展不同因素的重要作用。公司管理视角的研究认为母公司管理者是最重要的驱动力（Chang，1995；Malnight，1996）。子公司视角的研究强调子公司主导行为（Birkinshaw，1997）、子公司资源的重要性。区域发展的研究强调环境的影响以及政府对环境的影响。

2.4.5 子公司发展的理论解释

波金绍和胡德（Birkinshaw and Hood，1998）提出了子公司演化的五种理论基础：国际产品生命周期理论（Vernon，1966）；国际化过程理论（Johanson and Vahlne，1977）；网络理论（Johnason and Mattson，1988；Ghoshal and Bartlett，1990；Rugman and Verbeke，1992）；决策过程理论（Bower，1970）；区域发展理论（Young，Hood and Peters，1994）。

2.4.5.1 子公司发展的产品生命周期观点

产品生命周期理论是由弗农（Vernon，1966）提出，该理论将产品生命周期划分为新产品阶段、成熟产品阶段及标准产品阶段，以此来描述企业国际化的过程。

首先，在新产品阶段，跨国公司在母国市场制造、销售并从事创新活动，也将产品出口至某些国家，以达到生产的规模经济。其次，在成熟产品阶段，低成本生产成为重要因素，而且国外的竞争者也有威胁性。为了满足产品需求扩大以达到生产的规模经济的目标，开始在海外建立生产基地，随着产品质量不断得到改善，产品也会返销到母国市场。最后，在标准化产品阶段，主要市场都已饱和，且产品趋于标准化。这时，产品必须移向工资低廉的国家生产，即当东道国的生产成本提高到没有竞争力时，生产会转移到更低成本的国家。

产品生命周期模型有助于了解子公司角色演化的目的是为了创造更高附加价值的发展过程。子公司由生产成熟产品服务当地市场，到调整技术以符合当地市场的特定需求，最后通过技术的改善，甚至将产品返销到母国市场，最终也对新产品的创新有所贡献（Harrigan，1984）。

2.4.5.2 子公司发展的国际化过程观点

约翰逊和瓦尔尼（Johanson and Vahlne，1977）以跨国公司的知识水平及当前对国外市场的承诺，与对于未来市场承诺决策的相互关系，来说明国际化过程。这种观点认为国际化是渐进的，其演进的方式取决于跨国公司对国外事务涉入的经验与对风险改变的认知。其演进的程序起始于建立代理商出口商品，以此来增加对海外市场的了解，当对海外市场有一定程度认识后，再转成海外直接投资。

国际化过程模型适用于已经成立子公司的情形。增加子公司制造经营的决策代表了基于正确评价子公司优势和劣势（即市场知识）的“承诺决策”和增加在那个国家投资质量的意愿（即市场承诺）。决策导致了增加的承诺、对当地环境的更好理解和未来进一步投资的可能性。子公司发展是通过投资和学习之间周期性的相互作用而实现的。

从方法上来看，国际产品生命周期理论与国际化过程理论相比，所阐述的子公司角色演化的动因是一致的。母公司指派子公司角色，子公司通过角色的被指派而成长。

2.4.5.3 子公司发展的网络观点

网络理论的核心假设是跨国公司所有权优势不一定来自母公司，而是可以由子公司取得或发展。这种观点认为，跨国公司是松散组合的网络组织，而不是层级组织（Ghoshal and Bartlett，1990）。这种松散的联结，给予子公司自行发展自身独特资源和能力的自由。网络成员通过联结关系的安排，取得持续性的竞争优势（Jarillo，1988）。

从网络观点分析跨国公司，子公司是跨国公司网络中的结点，这样母子公司关系就由从属关系变为平等关系，子公司发展不再仅仅依赖于母公司，而是可以通过资源的积累、能力的增长实现自身的成长。

2.4.5.4 子公司发展的决策过程观点

布格尔曼（Burgelman，1983）认为战略行为经常发生在高层管理者以下的层级，而不为高层管理者所鼓励，他把这种行为称为自主行为。对于跨国公司子公司而言，自主性行为的观点是很重要的，因为这种观点可以解释子公司内部成长的过程，只有当母公司对子公司控制松散时才容易产生。

波金绍（Birkinshaw，1996）认为子公司可以主动采取行动以赢得产品委任权。古普塔和戈文达拉扬（Gupta and Govindarajan，1994）的研究指出，子公司可以追求国际市场机会，运用其特殊资源主动创新，从而向更高附加价值活动演化。

跨国公司的网络模型和决策过程模型都属于子公司选择的观点。网络模型对子公司能力的作用提供了重要的洞察并强调子公司是网络的一部分，而不仅仅是与母公司的双元关系。决策过程模型提供了理解子公司自主行为的方式。

2.4.5.5 子公司发展的区域发展观点

在组织理论文献中，大多数研究认为组织的行为会受到其所面对环境的限制或由环境所决定（Pfeffer and Salancik，1978）。跨国公司的研究者认为每个跨国公司的子公司在其独特环境中运营，因此子公司的行为受到这个独特任务环境的限制与决定（Ghohsal and Bartlett，1990；Rosenzweig and Singh，1991）。子公司通过与当地环境互动，被动地适应环境，主动地改变环境而实现子公司发展。

当地环境促进子公司演化的重要机制在于子公司与当地公司之间知识转移的有效性。当地公司（包括子公司）由于地理接近性与文化相似性的缘故，这些公司之间的技术转移相对于母公司与子公司之间的转移更为有效（Solvell and Zander，1998）。地理位置越接近，文化越相似，信息的流通就越顺畅，这自然有助于企业创新气氛的形成，子公司会更加主动地寻找当地市场机会。同样，东道国的投资促进机构不仅能够吸引绿地投资而且能够帮助已存在的子公司更新他们的业务活动（Hood，Young and Lal，1994）。

2.5 现有研究评述及本研究的切入点

2.5.1 现有研究评述

尽管子公司研究是国际商务领域研究的热点，研究成果日益丰富，但仍然存在下列不足：

（1）缺乏对子公司网络嵌入性来源的分析。现有关于子公司网络嵌入性的研究往往把子公司嵌入性作为解释变量，分析其对子公司知识创造、创新、绩效等方面的影响，很少有研究分析并揭示子公司嵌入性的来源，即哪些因素会影响子公司的嵌入性，妨碍了人们对子公司嵌入性的理解。

（2）缺乏对子公司不同嵌入性作用的比较。正如迈尔斯等（Meyer et al.，2011）、赛尔巴仕等（Ciabuschi et al.，2014）所指出的那样，几乎没有同时考察子公司内部嵌入性和外部嵌入性影响的经验研究，大多数研究要么集中于分析内部嵌入性的影响，要么集中于分析外部嵌入性的影响，更无法对子公司内、外部嵌入性的作用进行比较，产生对子公司嵌入性的全面认识。

（3）缺乏相应的实证研究。在子公司发展的研究领域大部分研究采用理论研究和案例研究，大样本的实证研究并不多见，这可能与子公司发展难以测度有很大的关系。在学术研究中理论创造和理论检验相辅相成，理论如果得不到实践的检验，理论将成为空中楼阁。

（4）缺乏对变量之间相应作用机制的揭示。在子公司的研究领域，很多变量之间直接的作用关系被揭示出来，但是变量之间的内在作用机制没有得到充分揭示。例如，一些研究认为子公司主导行为会影响子公司的能力，但对子公司主导行为通过怎样的路径以及如何影响子公司能力缺乏相应的探索。

（5）缺乏中国情境的研究。现有子公司主导行为、嵌入性以及子公司发展的研究主要集中于西方发达国家，我国本土化的研究十分有限。由于我国与西方发达国家在政治、经济、文化等方面存在着较大的差异，基于西方发达国家情境的研究结论不一定适用于我国，因此急需开展我国情境下的子公司理论研究。

2.5.2 本书的研究切入点

本书针对现有理论研究的不足和实践中加强子公司管理，促进子公司成长的需要，以跨国公司在华子公司为研究对象，把子公司内部嵌入性和外部嵌入性同时纳入分析框架，从业务范围和能力水平两个维度考察子公司发展，采用大样本实证研究的方法，研究主导行为—嵌入性—组织学习—子公司发展之间的逻辑关系及内在作用机理，进而揭示子公司嵌入性的来源，比较不同嵌入性对子公司发展的影响，打开“黑箱”，揭示主导行为通过组织学习影响子公司发展、嵌入性通过组织学习影响子公司发展的两个重要的内在机制，分析子公司所在产业和主导行为对嵌入性与组织学习关系的影响。

第3章

理论模型与研究设计

3.1 理论模型构建

3.1.1 主导行为与子公司发展

蒂斯（Teece，2007）指出成功的识别和校准技术和市场机会、明智地选择技术和产品属性、设计商业模式、对投资机会的资源承诺能够促进企业成长和盈利能力。维护动态能力需要创业管理，创业是感知和理解机会，开始新事业，发现组合事物的新的更好的方式。

子公司实施主导行为对子公司发展具有显著的促进作用，具体表现在以下方面：第一，主导行为是子公司的创业过程，涉及组织变革的内容，包括重组企业的价值链、流程再造、改变内部资源的配置模式（马一德、龙正平和范利民，2007），有利于改善子公司的运营效率，降低经营成本（陈志军和王宁，2015），极大地提高了企业有效应对外部环境变化的能力，提高子公司绩效（杜传文和林枫，2012）。第二，主导行为表现为子公司积极识别创业机会、不断承担新责任、开展新业务、发展新市场、促进子公司业务范围的不断扩大。开拓新业务、开发新市场能够创造先行者优势，锁定利润丰厚的市场领域，控制销售渠道与专利技术来掌握市场，获取高额利润和竞争优势（杜传文和林枫，2012）。第三，主导行为促使子公司不断创造新产品、开发新技术，其本质是知识的创造和应用。知识是能力的基础，知识的创造和创新导致子公司能力的更新、演化、升级。第四，主导行为提高了子公司在跨国公司内部系统中的重要性和影响力，子公司具有了更大的讨价还价能力，会借机扩大自己的权力和运营范围，甚至改变子公司的角色设定（陈志军和王宁，2015）。

3.1.2 主导行为与网络嵌入性

子公司主导行为本质上是子公司的创业过程，该过程始于对市场机会的认定，终结于获得对这一机会而言所必需的资源承诺（Birkinshaw，1997）。因此，子公司要开展主导行为，必须要增加网络的嵌入性以识别机会。网络能够为子公司提供丰富的、有价值的市场信息，激发子公司的创业想法，发现并识别创业机会（苗莉和何良兴，2015）。网络能够促进子公司的信息搜寻，缩减信息搜寻的时间，降低信息搜寻的成本，提高子公司识别创业机会的效率（张浩和孙新波，2017）。

子公司开展主导行为，必须要有相应的资源作为支撑。资源从哪里来，资源可以来源于子公司所嵌入的网络，因此子公司需要增加网络嵌入来获取资源。网络能够为子公司提供更多的信息以识别潜在的资源（彭伟和符正平，2015），识别资源获取的渠道来源（袁晶晶，2012）。网络为子公司提供了对资源的接触（Semrau and Werner，2014）。网络成员之间的信任和互惠促进了网络成员的开放性，使网络成员更愿意进行资源的共享，同时网络成员之间的紧密互动促进了资源在网络成员之间转移的有效性，提高了资源转移的效率。

基于以上分析，可知子公司实施主导行为需要增加网络嵌入性，以识别机会和获取资源。

3.1.3 网络嵌入性与组织学习

一般认为，信任是企业间在长期社会互动基础上对其他企业的诚信和能力等做出的判断。因而信任是在社会互动中产生的，行动者间的交往越多，联系越密切，彼此共识越多，信任就越有可能产生并越有可能长久维持。信任和相互认可使双方更可能共享有价值信息，提供的信息也更可能被考虑和作为行动的基础（Rogers，1995；Uzzi，1996）。信任打消了知识发送方对知识外溢的担心和控制，从而愿意共享隐性知识。信任打消了知识接受方对知识的可靠性和稳定性的疑虑，从而提高了学习动机。

网络规范可以减少在知识转移过程中某一方违背彼此的承诺和损害他人的利益给合作者带来的风险。因为网络规范要求企业放弃自我利益，注重依靠集体利益来行事，它为企业社会化行为的成熟和发展提供了可靠的保障。因此，规范制约了网络成员的机会主义行为，有利于降低网络成员间的道德风险，减少网络成员间在信息交换和知识共享过程中的障碍。

子公司在内外部网络中的嵌入关系根据互动频率、亲密程度、关系持续时间以及相互服务可以分为强联结和弱联结。弱联结能够使子公司接触更多的异质性网络成员，获取异质性信息和有用的知识（Ciabuschi et al.，2014）；而强联结有利于转移复杂知识（Hansen，1999），子公司可以从网络成员获取更多的有用知识（Levin and Cross，2004）。潘松挺（2009）通过实证研究发现，强联系有助于组织对现有业务技术知识的开发运用，而弱联系则对组织新技术、新业务、新知识的探索有正向影响作用。王宁（2013）进一步认为网络关系的强弱直接影响焦点企业在网络中获取信息的类型和质量，这种知识和信息传递的差异性将影响不同类型的组织学习：较强的网络关系有利于焦点企业获取到专有性强、重复性强、冗余度高的知识，有助于焦点企业对现有信息和知识进行开发学习；弱的网络关系有利于拓宽焦点企业的知识搜索范围，进而能够获取到新颖性强、非冗余、异质性高的信息，有助于焦点企业进行创造性的探索学习。

3.1.4 组织学习与子公司发展

组织学习的根本作用在于导致组织的知识、信念和行为发生变化，从而使组织更好地适应外部环境，进而提高绩效，获取竞争优势，实现组织成长。具体而言，组织学习通过利用式学习和探索式学习促进子公司发展。利用式学习是指以“提炼、效率、选择、执行”等为特征的学习行为，而探索式学习是指以“搜索、冒险、试验、创新”等为特征的学习行为（March, 1991）。利用式学习以企业现有能力和知识存量为基础，强调通过对现有技术能力和知识进行更新和完善，最终改进现有产品的设计、拓展现有营运知识和技能、提升现有分销渠道的效率、改进现有促销手段的效果，为现有市场中的顾客群体提供更优质的服务和更充裕的价值传递，从而提升竞争力水平。相反的，探索式学习超越了现有技术能力和知识基础，是一种突破式的创新行为，强调通过获取和创造全新的技术能力和知识，最终研发出新技术、设计开发出新产品、开辟出新的细分市场、采用新的营销手段，为新市场中的顾客群体提供有价值的产品和服务，从而增强长期竞争力以在市场中获得持续竞争优势（焦豪，2011）。

利用性学习需要一个深入的理解而不是更宽领域的信息，以较低风险的方式拓展企业运营，深度挖掘当前客户的价值（Rowley, Behrens and Krackhardt, 2000），能够带来组织经营绩效的稳步提高、渐进式的创新以及在稳定的发展环境中动态能力的持续改进（Katila and Ahuja, 2002）。探索式学习可以在较宽领域获取新颖的、多样化、非冗余的知识，培育新产品开发，延伸产品和服务的市场领域，具有较大的风险性（窦红斌和王正斌，2011），能够使组织获得突破式创新、高速的业绩增长以及面对不确定性时较高的适应能力与动态竞争能力（Benner and Tushman, 2003）。

3.1.5 权变因素的影响

3.1.5.1 子公司所在产业对嵌入性与组织学习关系的影响

传统产业一般是指在工业化进程中前一阶段经过高速增长后保留下来的一系列产业（李守波，2006）。严格地说，高技术产业是一个实用性概念而非一个学术性概念。因此，至今为止，世界各国尚无一个统一的概念。但概括起来，大体有两类不同意见（王崇举、唐学锋和庄志晖等，2001）：一类意见是定义高技术产品，然后将主要性能相同或相近的高技术产品群称作高技术产业。这方面比较有代表性的是经济合作与发展组织（OECD）对高技术产品的定义：高技术产品是指研发年度经费支出占该制造业年附加值（added value）2.36%以上产品。另一类意见从产业本身的划分标准下定义，这方面比较有代表性的意见是美国商务部和日本长期信用银行的定义。美国商务部对高技术产业的定义是：研发费用在总附加值中所占的比重为10%以上，或者科学技术人员在总职工中所占的比重为10%以上的产业。而日本长期信用银行的定义为：高技术产业指能节约资源和能源、技术密集度高、技术革新速度快，且由于增长能力强，能在将来拥有一定水平的市场规模的产业。

高技术产业具有与传统产业不同的特征。具体表现在：第一，高技术产业是最新科技发展的结晶，技术先进。而一般具有生命力的传统产业都是以较稳定的技术为主，通过常规的生产方式进行生产，获得一般利润。第二，高技术产品具有广阔的市场和高附加值，需求收入弹性高；传统产业产品需求弹性小，产品附加值低。第三，高技术产业最大限度地融入高精尖技术和工艺，是技术知识高密集度的产业，人力资本、技术和知识成为决定性的生产因素。传统产业的技术和知识密集度低，以劳动密集型产业为主。第四，高技术产业由于技术水平高，因而其显著特征就是先进技术的不断创新，可以加快产业结构的升级换代，促进创新体系和创新能力的不断进步。传统产业虽然技术水平低，但大多以稳定的技术为主，且大多为劳动密集型产业，在吸纳劳动力、解决就业压力等方面具有重大作用。第五，高新技术产业的发展是通过高技术的研究、开发和产业化三个过程相结合实现的，这一过程是一个高投入、高风险、长周期的过程，因而在发展过程中需要形成科研、开发、生产、市场四位一体的机制，所以涉及的领域多、协作的范围广，要求的条件高，一般来说个人或单个企业都无力单独进入高技术产业领域。而传统产业的发展要求的条件低，在发展过程中基本以常规劳动为主，通过劳动者的一般劳动作用于生产资料，其特点是投入少、周期短、风险小、领域少、协作的层次低，一般的个人或单个企业都能较自由地进入该领域，从事该产业的开发研究（李秀林，2006）。第六，高技术产业在其发展过程中具有高风险性和高成长性两个特征，高风险性主要表现为技术风险、市场风险、财务风险等，而传统产业的风险则低得多。

由于子公司所嵌入的网络是子公司资源和知识的重要来源，子公司所在产业的不同特征决定了子公司对资源和知识需求的不同，由此决定了子公司的网络嵌入性，从而影响了子公司的组织学习。另外，即使子公司的网络嵌入性保持不变，子公司所在产业的不同特征也决定了子公司利用网络资源和知识的程度，进而影响了子公司的组织学习。基于以上分析，子公司所在的产业是一个重要的变量，调节了子公司嵌入性与组织学习之间的关系。

3.1.5.2 子公司主导行为对嵌入性与组织学习关系的影响

主导行为（initiative）是公司以新的方式使用或拓展其资源来发展一项独立的、先动的事业（Kanter，1982；Miller，1983）。波金绍等（Birkinshaw et al.，1998）认为子公司主导行为是子公司追求市场机会的一种创业精神，且子公司能投入本身独特的资源。曾志弘（2001）认为子公司主导行为表示跨国公司子公司所展现出来的一种创业过程（entrepreneurial process），从机会的确认、利用与扩展现有资源以回应机会，但是此种行为不是跨国公司母公司规定子公司必须要执行的，因此是子公司一种自主的创新行为：包括产品的修正、新产品开发、过程的创新、主动争取跨国公司内部方案，组织流程的变动、营销活动的创新等。

从主导行为的定义可以看出，主导行为在本质上是一个创业的过程，它以机会的识别开始，以对机会的资源承诺而结束（Birkinshaw，1997）。学习理论认为，创业是一个动态的学习过程，它具有四个特点：一是一个经验式的学习；二是一个持久的行为改变：三是在一个组织的环境下个体的学习；四是通过组织的业务流程、惯例以及规章制度进行组织的（夏清华，2008）。波金绍（Birkinshaw，1999）对子公司主导行为的研究表明主导行为能够影响组织的价值观和信念，激发员工的热情和参与，提高员工对组织的认同、承诺和归属感，进而促进个体层次上的创业、合作、学习行为。在组织学习的过程中，个人拥有的知识、能力和技能通过与集体的互动和交流沉积在组织的记忆中并通过组织自身的信息机制得以储存、传播与再开发，然后在新的基础上不断重复上述过程，从而完成组织对知识的“创造—扩散—应用—再创造”的循环过程（李璟琰和焦豪，2008）。札赫拉等（Zahra，Nielsen and Bogner，1999）认为，创业精神能促进知识流动、传播与扩散，进而推动组织学习。札赫拉等（Zahra，Sapienza and Davidsson，2006）以学习理论和行为科学理论为基础，讨论了创业导向作用于组织学习的内在过程，认为创业导向型企业能够促进企业各个职能部门内部和之间、各层级内部和之间的学习。

从主导行为的定义可以看出，主导行为也是一个创新的过程。熊彼特把创新视为“新的生产函数的建立”，即“企业对生产要素的新的组合”，并概括为五种类型：引入新的产品或提供一种产品的新质量、采用一种新的生产方法、开辟一个新的市场、获得一种原料或半成品的新的供给来源、采用一种新的企业组织形式（熊彼特，1990）。自熊彼特之后，创新理论的研究不断发展和深入，出现了技术创新、制度创新、管理创新等方面的研究。无论哪一种形式的创新都离不开知识的获取、积累和应用，因此创新对组织学习提出更高的要求。刘璇华和惠青山（2005）认为组织创新是促进组织学习、提高组织学习效率和效果的重要条件和保证。戴斯等（Dess et al.，2003）认为浓厚的创新气氛会对组织学习产生正面影响，并且有利于企业计划、实施和控制效率的提高。

基于以上分析，主导行为实际上增加了子公司对知识的需求。由于子公司所嵌入的网络是子公司知识来源的重要渠道，子公司会增加网络的嵌入性以获取知识，从而促进了子公司的组织学习。另外，尽管嵌入性提供子公司对新知识的接触，但它对子公司组织学习的影响也取决于子公司吸收新知识的主导行为的程度。如果子公司具有很高的主导行为，子公司的嵌入性就能够对组织学习产生更加积极的影响，因为子公司的主导行为提高了子公司对于知识获取的需要。因此，子公司主导行为调节了嵌入性与组织学习之间的关系。

3.1.6 理论模型

基于以上理论推导，本书认为子公司开展主导行为需要增加网络嵌入性以更好地识别机会和获取资源，网络嵌入性的增加又促进了子公司的组织学习，组织学习进一步导致子公司发展，存在着主导行为—网络嵌入—组织学习—子公司发展的逻辑关系和逻辑链条，而网络嵌入与组织学习的关系又受到子公司所在产业和主导行为的影响。因此，本书构建了主导行为影响子公司发展的内在作用机理模型，如图 3.1 所示。

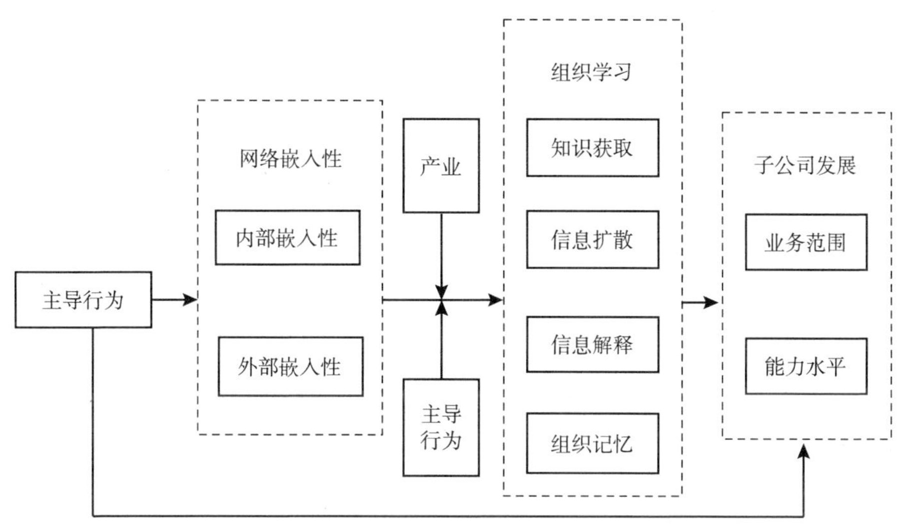

图 3.1　本书的理论模型

在理论模型，本书把网络嵌入性分为两个维度，即内部嵌入性和外部嵌入性；采用过程观点来分析组织学习，把组织学习分为知识获取、信息扩散、信息解释、组织记忆四个维度；把子公司发展操作化为业务范围和能力水平两个维度。据此分析各变量之间的因果关系及相互作用机制。

根据理论模型，本书将主要探索四个方面的内容：第一，网络嵌入的前因与后果变量；第二，主导行为通过组织学习影响子公司发展的中介作用机制；第三，网络嵌入通过组织学习影响子公司发展的中介作用机制；第四，权变因素对网络嵌入与组织学习关系的影响。这四部分内容构成了本书的后续四个主要章节。基于此，对于各部分研究变量之间的作用关系假设、变量测度与假设检验等内容也相应地在后续各部分章节展开叙述。

3.2 研究设计

3.2.1 研究类型

从研究目的角度，可以将社会科学研究分为探索性研究、描述性研究和解释性研究三种类型。

探索性研究，也称先导研究，它是对某一课题或某一现象进行初步了解的研究方式。探索性研究的目的是发现问题和提出问题。当研究者新接触一个课题或这个题目本身比较新鲜尚无人涉足时，这种研究便往往是探索性的。艾尔·巴比指出："探索性研究主要有三个目的：第一，满足研究者的好奇心和对某事物更加深入了解的欲望；第二，探讨对某议题进行细致研究的可行性；第三，发展后续研究中需要使用的方法。"①

描述性研究的主要目的是客观、精确地描述社会现象的状况，过程和特征，即描述社会现象是什么，它是如何发展的，它的特点和性质是什么（秦伟等，2000）。这种研究与探索性研究一样，都没有明确的假设，它也是从观察入手了解并说明研究者感兴趣的问题，即描述所关注的社会现象是什么，它的性质、特点怎样，它是如何发展的，等等。为了避免观察的盲目性，描述性研究在观察阶段之前必须做出一些初步的设想。描述性研究的重要特点就在于它不受假设的束缚，它可以在实际研究过程中进一步完善这些设想或改变原有的设想。描述性研究能对社会现象做出较为全面、系统、准确的描述，从而为正确解释社会现象提供了重要前提；同时，这种研究还可以对社会现象的属性及其相互关系进行分析，通过描述还可以发现一些新的现象和问题。

解释性研究说明事情为何发生或如何发生，它一般是力图通过详细阐述事情为何或如何发生来解释一个社会现象。这种研究的主要目的在于说明社

① 艾尔·巴比. 社会研究方法基础（第八版）[M]. 邱泽奇，译. 北京：华夏出版社，2005.

会现象的原因，预测社会事物的发展趋势或后果，探寻社会现象之间的因果联系，从而解释社会现象为什么会发生以及其变化（欧阳康和张明仓，2001）。解释性研究主要运用假设检验逻辑，它在研究之前需要建立某种理论框架（理论假设）并提出一些明确的研究假设，然后将这些假设联系起来，构成一个因果模型。建立模型主要有列出现象的原因或结果、分析两变量的关系、深入分析变量间的作用机制三种方式（秦伟等，2000）。在建立了因果模型之后，就可以依据它来设计研究方案，然后收集资料以检验模型。

本书属于解释性研究，主要试图解释子公司发展的动因，揭示子公司发展的内在机理。具体而言，本书在现有文献的基础上通过理论演绎建立理论框架，形成理论假设，构建了子公司主导行为、嵌入性、组织学习、子公司发展之间相互作用的因果联系，通过收集资料和统计分析，检验理论模型和相关假设。

根据研究的时间维度，社会科学研究可以分为横向研究和纵向研究。

横向研究是在某个特定的时间对研究对象进行横断面的研究，即以某一时点为准，调查各种类型的研究对象在该时点上的状况（林聚任、刘玉安和泥安儒，2004）。所谓横断面是指研究对象的不同类型在一定时点所构成的全貌（欧阳康和张明仓，2001）。横向研究的调查面广，它多半采用统计调查的方式、资料的格式比较统一且来源于同一时间，因而可对各种类型的研究对象进行描述、比较和解释（秦伟等，2000），这是它的优点。不过，这种研究的范围虽然较广，但其收集资料的深度却相对较差。

纵向研究是在不同的时点或较长的时间内对某种社会现象的观察和研究。这种研究侧重于探讨社会现象的发展变化的过程，又可以分为趋势研究、同期群研究和跟踪研究等形式（林聚任等，2004）。纵向研究具有明显优点，通过这种研究，研究者能够把握社会现象的发展过程，能比较一定对象在不同时期的变化情况。由于这种研究的各种变量的时间顺序清楚、鲜明，因而有助于人们做出因果判断。不过，由于纵向研究的调查范围较小，难以进行不同类型的比较（欧阳康和张明仓，2001）。应该说纵向研究优越于横向研究，因为它可以描述过程，但是这种优越性的代价是较多时间和金钱的耗费。

尽管纵向研究具有一定的优越性，但是调研困难限制了纵向研究在本书中使用。众所周知，跨国公司严格规范的管理使对跨国公司的调研存在着异常的困难。因此本书采用横向研究，即采用截面式的问卷调查收集资料。

3.2.2 分析单位

分析单位是研究者所要研究的对象，是研究中的基本单位，其最终目的在于集合它们的特征以描述由这些分析单位组成的较大的群体或解释一些抽象的事物（秦伟等，2000）。社会科学的分析单位主要包括个人、群体、组织、社区、社会产品。本书的分析单位是组织层面，具体而言，是跨国公司在中国的子公司。

跨国公司在英文文献中的名称多样，主要有四种：第一，国际公司（international corporation）；第二，多国公司（multinational corporation）；第三，全球公司（global corporation）；第四，跨国公司（transnational corporation）。学术界习惯上使用多国公司（multinational corporation，MNC），也有使用多国企业（multinational enterprise，MNE）的。

在1983年联合国跨国公司中心发表的第三次调查《世界发展的跨国公司》中，明确给出了跨国公司的定义：第一，由两个或更多国家的实体所组成的公营、私营或混合所有制企业，不论此等实体的法律形式和活动领域如何；第二，在一个决策体系中进行经营，能通过一个或几个决策中心采取一致对策和共同战略；第三，各实体通过股权或其他方式形成的联系，使其中一个或几个实体有可能对别的实体施加重大影响，特别是同其他实体分享资源和分担责任。

1986年联合国制定的《联合国跨国公司行动守则（草案）》指出跨国公司的定义：本守则中使用跨国公司一词系指在两国或更多国家之间组成的公营、私营或混合所有制的企业实体，不论此等实体的法律形式和活动领域如何；该企业在一个决策体系下进行运营，通过一个或一个以上的决策中心使企业内部协调一致的政策和共同的战略得以实现；该企业中各个实体通过所有权或其他方式结合在一起，从而其中的一个或多个实体得以对其他实体的活动施行有效的影响，特别是与别的实体分享知识、资源和责任。

联合国贸易与发展会议在2003年《世界投资报告》中对跨国公司的定义是：跨国公司是由母公司及其国外分支机构组成的联合或者非联合企业。

当代知名跨国公司研究学者巴特利特和戈沙尔（Bartlett and Ghoshal, 1989）则认为跨国公司必须满足两个条件：第一，必须在外国从事直接投资，而不仅仅限于出口贸易；第二，对海外的资产进行主动的经营管理，而不是消极的以金融、证券形式简单地拥有海外资产。当然，这里所指的“投资”不只是单纯的对生产设施的投资，而“主动管理”也并不一定意味着对海外的经营活动进行直接控制，只是表明在没有全部所有权或多数所有权的情况下，跨国公司仍然能够对国外分支机构施加重要影响。

联合国贸易与发展会议在2003年《世界投资报告》中指出：“母公司被定义为通常以拥有股本金的方式来控制在其本国以外国家的其他实体资产的企业。拥有联合企业10%或者以上普通股或者表决权的股本金或者非联合企业的等量资本金，通常被认为是控制这些企业资产的门槛值。”“子公司指另一个实体直接拥有超过一半的股东表决权，有权指派或者撤换大多数行政、管理和监督人员的设在东道国的联合企业。”“分公司指投资者拥有或者部分拥有的设在东道国的非联合企业，有以下任一情形：第一，外国投资者的常设机构或者办事处；第二，外国直接投资者与一个或者一个以上第三方的非联合合作企业或者合资企业；第三，外国居民直接拥有的土地、建筑物（政府机构拥有的建筑物除外），以及/或者不可移动的设备和物品；第四，外国投资者在其本国以外的国家经营了至少一年的可移动设备（如船舶、飞机及具油气开采设备）。”

子公司和分公司是不同的组织形式，在法律地位上有所不同（马杰等，2002）。子公司主要表现出以下法律特点：它是独立法人，有自己的公司名称和公司章程，并有权独立进行法律诉讼活动；财务独立，自负盈亏；可以独立贷款；子公司在东道国注册登记，受东道国法律保护，而不受母国的外交保护。分公司是母公司的分支机构，通常不具有法人资格，所以在经济上和法律上没有独立权，一般只视其为跨国公司母公司的一部分，其法律特点是：没有自己独立的公司名称，只依照总公司授权开展业务；其资产完全属于母公司，债务由母公司承担无限责任。分公司虽然设在海外，但仍享受总公司所在国的外交保护。因此，分公司资产只能出售，股权不能转让，也不能与其他公司合并。

本书的分析单位是跨国公司在中国的子公司，对子公司的定义采用学者曾志弘（2001）的定义，即把跨国子公司定义为跨国公司以独资或是合资方式在海外国家、地区设立的从事研发、制造、销售、配送等功能活动的分支机构。

3.2.3 问卷设计

问卷设计依赖于研究模型中所涉及变量属性与特征，其重点在于尽可能采纳最优题项或条目来测量涉及的概念、构念或变量（杨俊，2008）。简而言之，问卷设计实质上是选择、测验并确定构念测量条目的过程。为避免因缺乏测量信度所带来的随机误差以及因缺乏测量效度所引发的系统误差，遵循科学的问卷设计流程就成为决定问卷质量的关键因素。丘吉尔（Churchill，1979）认为测量条目开发工作应该遵循以下三个步骤：首先，利用文献研究明确研究构念的操作化内涵与测量条目；其次，分别与学术界和企业界专家进行焦点小组讨论；最后，通过探测性调研对测量条目进行优化，从而最终确定调查问卷的内容和形式。依从丘吉尔的观点，在问卷设计中本书采取了以下几个步骤：第一，依托文献研究确定概念模型。通过系统阅读并梳理有关主导行为、嵌入性、组织学习和跨国公司子公司管理的文献，提出研究问题，设计研究框架，明确有待测量的理论构念。第二，通过文献研究获取相关变量测度工具。本书采用国内外学者提出的比较成熟的量表，针对研究情境稍加调整，形成问卷初稿。第三，征求学术团队意见。与学术团队成员包括数位教授、副教授及 20 余名博士、硕士就问卷的条目设计、表达方式等进行广泛的讨论和交流，在此基础上修正问卷。第四，征求企业意见。笔者携带问卷走访 6 家企业，请 7 位中高层经理当场填答问卷，详细记录他们在填答问卷过程中提出的问题，作为对问卷进行修改的依据。然后对他们进行了访谈，征求他们的意见，以查验问卷量表的表面效度（face validity）。第五，问卷的试用。在小范围内进行探测性调研，选取样本进行问卷的试用，检验问卷量表的信度和效度，并对一些测量条目的语言和表达方式做了进一步修改，形成了最终的调查问卷（详见附录）。

造成问卷应答者对题项可能做出非准确性的回答主要有四个原因（Fowler，1988）：一是应答者不知道所提问问题答案的信息；二是应答者不能回忆所提问问题答案的信息；三是虽然知道某些问题答案的信息，但是应答者不想回答；四是应答者不能理解所问的问题。在实际操作中，尽管不可能完全消除以上四种情况所引致的问题，但采取相应的措施来尽量降低它们对获取信息准确性的负面影响仍非常关键。为了防止第一种原因所带来的问题，本书在问卷发放过程中，选择跨国公司在华子公司的中、高层经理或对子公司比较了解的资深人员填答。为了防止第二种原因所带来的问题，结合本书的需要，问卷题项所涉及的问题是针对子公司的近况，基本不需要回忆就能填答，尽量避免由于回忆而引起的偏差。为了防止第三种原因所带来的问题，本书采取了两种方法：首先，根据研究的需要，问卷所设计的题项不涉及子公司的商业机密和子公司不愿意填答的信息；其次，在问卷中说明调查者的身份和单位、调查的内容、调查的研究目的和重要性，同时告知应答者本问卷纯属学术研究目的，内容不会涉及企业的商业机密问题，所获信息也不会用于任何商业目的，在任何时候不对外公开问卷的信息。应答者如果对研究结论感兴趣，承诺将通过电子邮件反馈给他们，同时要求应答者留下联系方式。为了防止第四种原因所带来的问题，在问卷设计阶段，尽量采用成熟的量表，并广泛听取学术界专家和企业界人士的意见，对问卷的题项进行精心设计和修改。在问卷预测试阶段，笔者携带问卷到子公司要求应答者现场填答，应答者遇到难以理解的问题，由笔者按统一口径解释。在此基础上对问卷进行了反复修改，对问卷的表达方式和用语方式进行了仔细的斟酌完善，以尽量排除条目难以理解或所表达意思不够明确的可能性。

3.3 数据与样本

3.3.1 数据收集

本书采用面向跨国公司在中国子公司发放调查问卷的方式来收集数据。在样本的选择上，本书选择跨国公司在中国子公司，所在地域不受限制。行业主要集中在制造业。众所周知，对企业开展大样本问卷调查绝非易事，其主要原因在于问卷调查虽谈不上给企业的经营带来麻烦，但也绝不会给企业带来任何利益，因此大多数企业不愿意配合。而对跨国公司而言，除了以上原因外，跨国公司严格的管理以及对外界谨慎的信息披露，都使对跨国公司进行大样本问卷调查变得异常困难。再加上笔者时间和财力上的限制使随机性抽样根本无法完成，即使便利性抽样也相当困难。从国内外学者的同类研究看，大多数研究都没有遵循随机抽样的原则，而代之以便利性抽样。基于此，本书采用如下三种方式对跨国公司在中国的子公司进行问卷调查：第一种方式是由笔者本人携带问卷走访企业发放并回收问卷。首先笔者出示相关证件，说明调查的背景和目的，在征得企业相关人员同意后，要求其现场填答问卷，然后回收问卷。第二种方式是通过同学、朋友联系在跨国公司工作的相关人员，请他们填答问卷。第三种方式是联系相关高校的MBA中心，请他们向在跨国公司工作的在职MBA同学发放问卷。整个问卷的发放与回收工作历时4个多月。通过以上三种方式，共获得有效问卷119份。

从理论上讲，样本数量越大，就越有助于消除测量手段难以规避的随机误差，从而能够提升研究结果的说服力。但是，由于实际条件的制约，样本规模总是会受到限制，尤其在企业研究中更是如此。雷亚和帕克（Rea and Parker）于1992年提出了一个准则，认为10%作为最大的抽样误差应该可以接受或容许，但样本规模至少大于模型中变量总数的5倍以上，并且总量至少达到100个。按照这个准则来判断，本书的样本规模超过了100个，也超过了变量数量的5倍，达到了10倍左右，研究结果可以被接受。

本书采用了三种方式收集问卷，可能对样本的独立性、有效性等产生一定程度的影响。为了验证问卷数据来源于同一群体，本书采用单因素方差分析（one-way ANOVA）来检验三组样本的填答者对各种条目的反应。结果表明，各条目并不存在着显著的差异，证明三种来源的样本来自同一群体。

3.3.2 样本特征

本书样本企业的产业分布如表3.1所示。其中制造业子公司85家，占71.4%，非制造业子公司34家，占28.6%。从表3.1可以看出，样本企业的产业分布比较广泛。

表 3.1 有效样本企业的产业分布

产业	企业个数（家）	所占比例（%）
通用、专用设备	21	17.6
通信设备、计算机、电子	20	16.8
电气机械及器材	14	11.8
食品、饮料、农副品	13	10.9
石油、化工	10	8.4
金属制品	6	5.0
交通运输设备	5	4.2
制药	5	4.2
金融、保险	3	2.5
咨询	3	2.5
物流	3	2.5
包装	2	1.7
软件	2	1.7
贸易	2	1.7
塑料制品	2	1.7
造纸、印刷	2	1.7
非金属制品	2	1.7
其他	4	3.2
合计	119	100

表 3.2 为样本特征的描述性统计。

表 3.2 样本特征的描述性统计

条目		子公司数量（家）	所占比例（%）
产业	传统产业	73	61.3
	高技术产业	46	38.7

续表

条目		子公司数量（家）	所占比例（%）
子公司年龄	1～5 年	32	26.9
	6～10 年	23	19.3
	11～15 年	46	38.7
	16～20 年	11	9.2
	21 年以上	7	5.9
子公司人数	100 人以内	24	20.2
	101～500 人	44	36.9
	501～2000 人	29	24.4
	2001～4000 人	12	10.1
	4001 人以上	10	8.4
母国国籍	美国	42	35.3
	欧洲	37	31.1
	日韩	29	24.4
	其他国家	11	9.2
子公司所在城市	北京	16	13.4
	上海	9	7.6
	天津	58	48.7
	哈尔滨	9	7.6
	大连	5	4.2
	青岛	5	4.2
	其他城市	17	14.3

从样本的产业分布来看，按照传统产业和高技术产业的分类，传统产业的企业样本数为 73 家，占 61.3%，高技术产业的企业样本数为 46 家，占 38.7%。

从样本企业的年龄来看，样本中包括了从 1 年到 27 年不同年龄段的子公司，子公司的平均年龄为 10.66 年，5 年以内的子公司 32 家，占 26.9%；6～10 年的子公司 23 家，占 19.3%；11～15 年的子公司 46 家，占 38.7%；

16～20 年的子公司 11 家，占 9.2%；21 年以上的子公司 7 家，占 5.9%。

从样本企业的人数来看，样本子公司的人数从 10 人到 5 万人不等。子公司的平均人数为 1944.61 人，100 人以内的子公司 24 家，占 20.2%；101～500 人的子公司 44 家，占 36.9%；501～2000 人的子公司 29 家，占 24.4%；2001～4000 人的子公司 12 家，占 10.1%；4001 人以上的子公司 10 家，占 8.4%。

从子公司的母国国籍来看，样本中包括了亚洲、欧洲、非洲、北美洲、大洋洲的 21 个国家的子公司，其中美国的子公司 42 家，占 35.3%；欧洲的子公司 37 家，占 31.1%；日韩的子公司 29 家，占 24.4%；其他国家的子公司 11 家，占 9.2%。

从子公司所在城市来看，在北京的子公司 16 家，占 13.4%；在上海的子公司 9 家，占 7.6%；在天津的子公司 58 家，占 48.7%；在哈尔滨的子公司 9 家，占 7.6%；在大连的子公司 5 家，占 4.2%；在青岛的子公司 5 家，占 4.2%；在其他城市的子公司 17 家，占 14.3%。

综上分析可知，本书的样本分布较为广泛，具有较为广泛的代表性，其研究结果应该具有较为普遍的意义。

3.3.3 样本共同方法偏差与控制

共同方法偏差（common method biases）指的是因为同样的数据来源或评分者、同样的测量环境、项目语境以及项目本身特征所造成的预测变量与效标变量之间人为的共变（周浩和龙立荣，2004）。这种人为的共变对研究结果产生严重的混淆并对结论有潜在的误导，是一种系统误差。由于本书研究的对象是跨国公司子公司，无法获得样本的二手数据。而且，为了获得合理的问卷回收率，必须采用单个问卷的方法。为了防范共同方法偏差，本书采取了改进量表项目、因变量作为问卷的独立部分、保护问卷回答者的匿名性等措施。另外，还可以用统计的方法对共同方法偏差进行检验和控制。本书采用 Harman 单因素检验方法来检验共同方法偏差。即在进行因子分析时，如果提出单独一个因子，或第一个因子能够解释大部分变量变异，那么可判定存在严重的共同方法偏差。本书对涉及的主观测量条目一起做因子分析，在未旋转时提取了特征值大于 1 的 9 个因子，第一个因子解释了变异的 28.005%，并没有占到多数，因此认为不存在着严重的共同方法偏差。

3.4 数据分析方法

3.4.1 因子分析

在实际问题的分析过程中，人们往往希望尽可能多地收集关于分析对象的数据信息，进而能够对它有比较全面、完整的把握和认识。于是，对某个分析对象的描述就会有许多指标。这些指标虽然能够比较全面对事物进行精确的描述，但却给实际的统计工作带来比较大的问题。首先，收集的变量太多会增加分析中的计算工作量，从而使本来不很复杂的分析工作变得异常烦琐。其次，花费许多人力和财力收集到的变量，由于它们之间的相关性，造成相当多的信息重叠现象。信息重叠也会给统计分析工作带来麻烦（薛薇，2001）。因子分析正是解决上述问题的一种非常有效的方法。

因子分析（factor analysis）是多元统计分析技术的一个分支，其主要目的是浓缩数据：它通过研究众多变量之间的内部依赖关系，探求观测数据中的基本结构，并用少数几个假想变量来表示基本的数据结构。这些假想变量能够反映原来众多的观测变量所代表的主要信息，并解释这些观测变量之间的相互依存关系，我们把这些假想变量称之为基础变量，即因子（factor）。因子分析就是研究如何以最少的信息丢失把众多的观测变量浓缩为少数几个因子（郭志刚，1999）。

因子分析的一般模型为

$$\begin{cases} x_1 = a_{11}F_1 + a_{12}F_2 + \cdots + a_{1n}F_n + \varepsilon_1 \\ x_2 = a_{21}F_1 + a_{22}F_2 + \cdots + a_{2n}F_n + \varepsilon_2 \\ \cdots \\ x_m = a_{m1}F_1 + a_{m2}F_2 + \cdots + a_{mn}F_n + \varepsilon_m \end{cases} \tag{3.1}$$

式中，x_1，x_2，…，x_m 为实测变量；$a_{ij}(i=1, 2, \cdots, m; j=1, 2, \cdots, n)$

为因子载荷；$F_i(i=1,2,\cdots,m)$ 为公共因子；$\varepsilon_i(i=1,2,\cdots,m)$ 为特殊因子。

因子载荷 a_{ij}是第 i 个变量在第 j 个主因子上的载荷，或者说，第 i 个变量与第 j 个因子的相关系数。载荷越大，则说明第 i 个变量与第 j 个因子的关系越密切；载荷越小，则说明第 i 个变量与第 j 个因子的关系越疏远。因子载荷矩阵中各行数值的平方和，称为各变量对应的共同度。公共因子是在各个变量中共同出现的因子，在高维空间中，它们是相互垂直的坐标轴。特殊因子实际上就是实测变量与估计值之间的残差值。如果特殊因子为零，则称为主成分分析（苏金明等，2002）。

因子分析的应用主要有以下两个方面：第一，寻求基本结构（summarization）。在多元统计分析中，经常碰到观测变量很多且变量之间存在着较强的相关关系这种情形，这不仅给问题的分析和描述带来一定困难，而且在使用某些统计方法时会出现问题。因子分析能够找出反映事物本质特征的因子。第二，数据化简（data reduction）。通过因子分析把一组观测变量化为少数的几个因子后，可以进一步将原始观测变量的信息转换成这些因子的因子值。然后，用这些因子代替原来的观测变量进行其他的统计分析，如回归分析、路径分析、判别分析和聚类分析等，利用因子值也可以直接对样本进行分类和综合评价。

围绕浓缩原有变量提取因子的核心目标，因子分析主要涉及以下四大基本步骤（薛薇，2004）：第一，因子分析的前提条件。由于因子分析的主要任务之一是对原有变量进行浓缩，即将原有变量中的信息重叠部分提取和综合成因子，进而最终实现减少变量个数的目的。对此它要求原有变量之间应存在较强的相关关系。否则，如果原有变量相互独立，不存在信息重叠，那么也就无法将其综合和浓缩，也就无须进行因子分析。本步骤正是希望通过各种方法分析原有变量是否存在相关关系，是否适合进行因子分析。第二，因子提取。将原有变量综合成少数几个因子是因子分析的核心内容。本步骤正是研究如何在样本数据的基础上提取和综合因子。第三，使因子更具有命名可解释性。将原有变量综合为少数几个因子后，如果因子的实际含义不清，则极不利于进一步的分析。本步骤正是希望通过各种方法使提取出的因子实际含义清晰，使因子具有命名可解释性。第四，计算各样本的因子得分。因子分析的最终目标是减少变量个数，以便在进一步的分析中用较少的因子代替原有变量参与数据建模。本步骤正是通过各种方法计算各样本在各因子上的得分，为进一步的分析奠定基础。

3.4.2 相关分析

客观事物之间的关系大致可以归纳为两大类，即函数关系和统计关系。所谓函数关系指的是两事物之间的一种一一对应的关系，即当一个变量 x 取一定值时，另一变量 y 可以依确定的函数取唯一确定的值。统计关系指的是两事物之间的一种非一一对应的关系，即当一个变量 x 取一定值时，另一个变量 y 无法依确定的函数关系取唯一确定的值。事物之间的函数关系比较容易分析和测度。事物之间的统计关系，不像函数关系那样直接，但确实普遍存在，并且有的关系强、有的关系弱，程度各有差异。相关分析就是一种测度事物间统计关系强弱的手段和工具，旨在衡量事物之间，或称变量之间线性相关程度的强弱（薛薇，2004）。

相关关系可通过绘制散点图和计算相关系数来描述与测定。散点图描述了两个变量之间的大致关系，从中可以直观地看出变量间的关系形态及联系程度。相关系数是准确测定变量之间相关关系密切程度的量，不同的资料需计算不同的相关系数，具体可见表3.3。

表3.3 几种相关系数的比较

相关系数	变量类型	使用范围	计算公式
皮尔逊相关系数（Pearson）	定距变量	仅限于简单线性相关关系的测定	$r=\dfrac{\sum_{i=1}^{n}(x_i-\bar{x})(y_i-\bar{y})}{\sqrt{\sum_{i=1}^{n}(x_i-\bar{x})^2\sum_{i=1}^{n}(y_i-\bar{y})^2}}$
斯皮尔曼等级相关系数（Spearman）	定序变量	测定两等级之间的联系强度	$r=1-\dfrac{6\sum D_i^2}{n(n^2-1)}$

续表

相关系数	变量类型	使用范围	计算公式
肯得尔相关系数（Kendall）	定序变量	测定两等级之间的联系强度	$\tau = (U - V)\ \dfrac{2}{n(n-1)}$
复相关系数	定距变量	测定一个因变量同多个自变量之间的相关关系	$r_{y,1,2,3,\cdots,m} = \sqrt{1 - \dfrac{\sum(\hat{y}_i - \bar{y}_i)^2}{\sum(y_i - \bar{y}_i)^2}}$
偏相关系数	定距变量	多元回归中测定在其他自变量固定不变时，单个变量同因变量的相关关系	$r_{xy,z} = \dfrac{r_{xy} - r_{xz}r_{yz}}{\sqrt{(1 - r_{xz}^2)(1 - r_{yz}^2)}}$

3.4.3 回归分析

回归分析是研究客观事物变量间的关系，它是建立在对客观事物进行大量试验和观察的基础上，通过建立数学模型寻找不确定现象中所存在的统计规律的方法（卫海英，2000）。回归分析是一种应用极为广泛的数量分析方法。它用于分析事物之间的统计关系，侧重考察变量之间的数量变化规律，并通过回归方程的形式描述和反映这种关系，帮助人们准确把握变量受其他一个或多个变量影响的程度，进而为控制和预测提供科学依据（薛薇，2004）。回归模型有多种形式，如一元回归模型和多元回归模型、线性回归模型和非线性回归模型。

根据参与线性回归的自变量个数的多少，可将线性回归分为一元线性回归和多元线性回归。只有一个自变量的线性回归，称为一元线性回归。一元线性回归的模型为 $\hat{y} = a + bx$。其中，$\hat{y}$ 是实测变量 y 的估计值，a 称为截距，b 为回归直线的斜率，又称回归系数。求最优直线回归方程 $\hat{y} = a + bx$，常用的方法是最小二乘法，也就是使该直线与各点的纵向垂直距离最小，即使实测值 y 与预测值 $\hat{y}$ 之差的平方和 $\sum(y - \hat{y})^2$ 达到最小。根据多个自变量的最优组合建立回归方程来预测因变量的回归分析称为多元回归分析。多元回归分析的模型为 $\hat{y} = b_0 + b_1x_1 + b_2x_2 + \cdots + b_nx_n$。其中，$\hat{y}$ 为根据所有自变量 x 计算出的估计值，b_0 为常数项，b_1，b_2，…，b_n 称为 y 对应于 x_1，x_2，…，x_n 的偏回归系数。偏回归系数表示假设在其他所有自变量不变的情况下，某一个自变量变化引起因变量变化的比率（卢纹岱，2006）。

客观实际上各因素之间呈现直线关系的现象并不很多，更多的是呈现曲线关系，这时应采用非线性回归分析。非线性回归模型包括两种形式；一种是可线性化的，如双曲线模型、二次曲线模型、三次曲线模型、对数模型、指数模型、幂函数模型；另一种是不可线性化的，如逻辑曲线模型、龚拍兹曲线模型、修正指数曲线模型。非线性回归主要过程与线性回归基本相同，只是估计参数时采用的方法不同，一元线性回归采用最小平方法估计参数，非线性回归采用迭代法求解参数（卫海英，2000）。

回归分析的一般步骤是：第一，确定回归方程中的解释变量和被解释变量；第二，确定回归模型；第三，建立回归方程；第四，对回归方程进行各种检验；第五，利用回归方程进行预测。

3.4.4 中介效应分析

考虑自变量 X 对因变量 Y 的影响，如果 X 通过影响变量 M 来影响 Y，则称 M 为中介变量。

假设变量已经中心化或标准化，可用图 3.2 所示的路径图和相应的方程来说明变量之间的关系。其中，c 是 X 对 Y 的总效应，ab 是经过中介变量 M 的中介效应（mediating effect），c'是直接效应。当只有一个中介变量时，效应之间有如下关系 $c=c'+ab$，中介效应的大小用 $c-c'=ab$ 来衡量（温忠麟等，2005）。

温忠麟等（2004）提出如下检验中介效应的程序，如图 3.3 所示。

第一步：检验回归系数 c，如果显著，继续下面的第二步。否则停止分析。

第二步：做部分中介检验，即依次检验系数 a，b，如果显著，意味着 X 对 Y 的影响至少有一部分是通过了中介变量 M 实现的，第一类错误率小于或等于 0.05，继续下面第三步。如果至少有一个不显著，由于该检验的功效较低（即第二类错误率较大），所以还不能下结论，转到第四步。

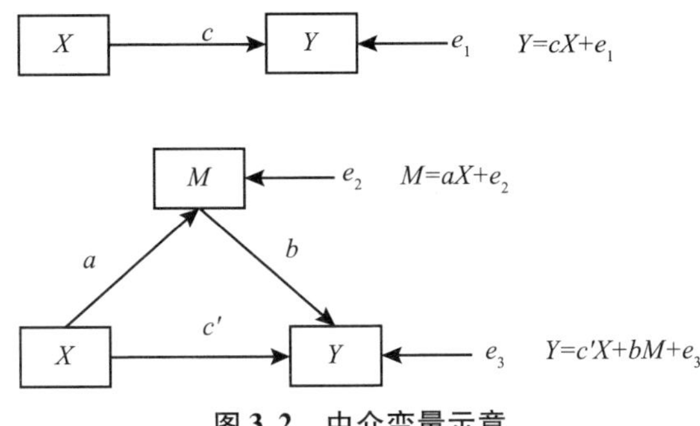

图 3.2　中介变量示意

资料来源：温忠麟，张雷，侯杰泰，等．中介效应检验程序及其应用［J］．心理学报，2004，36（5）：614－620。

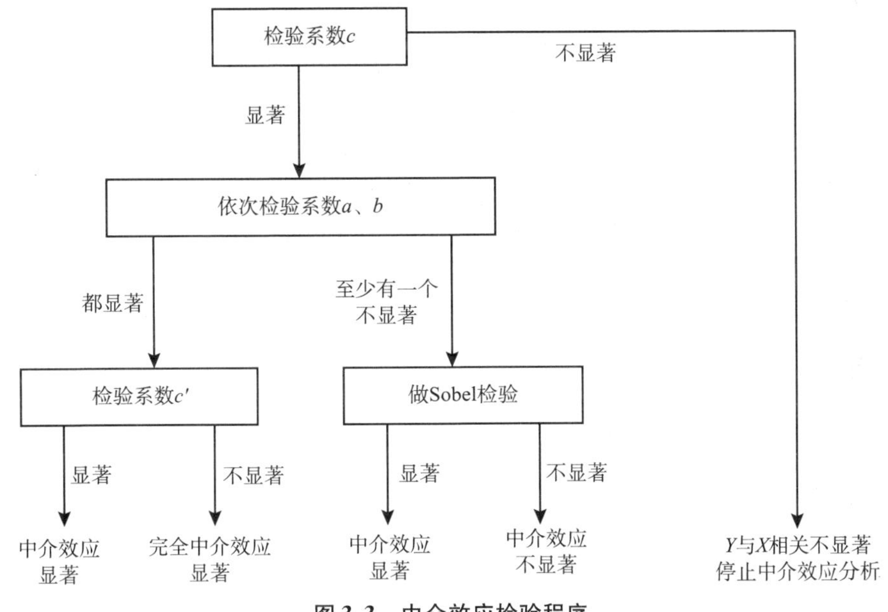

图 3.3　中介效应检验程序

资料来源：温忠麟，张雷，侯杰泰，刘红云．中介效应检验程序及其应用［J］．心理学报，2004，36（5）：617。

第三步：做完全中介检验，即检验系数 c'，如果不显著，说明是完全中介过程，即 X 对 Y 的影响都是通过中介变量 M 实现的；如果显著，说明只是部分中介过程，即 X 对 Y 的影响只有一部分是通过中介变量 M 实现的。检验结束。

第四步：做Sobel检验，如果显著，意味着 M 的中介效应显著，否则中介效应不显著。检验结束。

索贝尔（Sobel）根据一阶泰勒（Taylor）展开式得到的公式为

$$S_{ab} = \sqrt{\hat{a}^2 s_b^2 + \hat{b}^2 s_a^2} \tag{3.2}$$

其中，s_a，s_b 分别是 $\hat{a}$，$\hat{b}$ 的标准差。检验统计量是

$$z = \frac{\hat{a}\,\hat{b}}{s_{ab}} \tag{3.3}$$

3.4.5 调节效应分析

如果变量 X 与变量 Y 有关系，但是 X 与 Y 的关系受第三个变量 M 的影响，那么变量 M 就是调节变量。或者说，如果变量 Y 与变量 X 的关系是变量 M 的函数，称 M 为调节变量，如图3.4所示。调节变量所起的作用称为调节作用。调节变量影响自变量与因变量之间的关系，既可以是对关系方向的影响，又可以是对关系强度的影响。调节变量可以是类别变量（如性别、种族、教育水平），也可以是连续变量（如工资水平、智力等）（陈晓萍等，2008）。

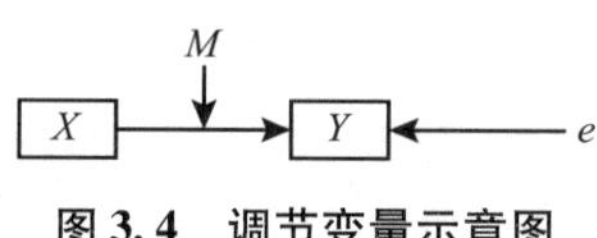

图3.4 调节变量示意图

如果把上述关系简化为线性关系，则权变量 M 的调节作用可以通过以下方程式表示：

$$Y = a + bX + cM + dXM + \varepsilon \tag{3.4}$$

$$Y = a + bX + cXM + \varepsilon' \tag{3.5}$$

其中，调节变量在第一种情形下被称为“准调节变量”，在第二种情况下则被称为“纯调节变量”（Aiken and West，1991）。如果把方程式（3.4）变形写成：

$$Y = a + cM + (b + dM)X + \varepsilon \tag{3.6}$$

那么对于固定的 M，这就是因变量 Y 对自变量 X 的直线回归。Y 与 X 的关系由回归系数 $b + dM$ 来刻画，它就是 M 的线性函数，交互项 XM 的系数 d 则衡量了调节效应的大小和方向（李剑力，2008）。

调节变量的分析方法，如表 3.4 所示。当自变量和调节变量都是类别变量时做方差分析。当自变量和调节变量都是连续变量时，用带有乘积项的回归模型，做层次回归分析：首先，做 Y 对 X 和 M 的回归，得测定系数 R_1^2。其次，做 Y 对 X、M 和 XM 的回归得 R_2^2，若 R_2^2 显著高于 R_1^2，则调节效应显著；或者做 XM 的偏回归系数检验，若显著，则调节效应显著。

表 3.4　调节作用分析方法

调节变量（M）	自变量（X）	
	类别变量	连续变量
类别变量	两因素有交互效应的方差分析（ANOVA），交互效应即调节效应	分组回归：按 M 的取值分组，做 Y 对 X 的回归。若回归系数的差异显著，则调节效应显著 层级回归：用虚拟变量代表类别变量，对连续变量进行中心化或标准化，构造乘积项，构造方程，检验交互作用
连续变量	自变量使用虚拟变量，将自变量和调节变量中心化，做 $Y = a + bX + cM + dXM + \varepsilon$ 的层级回归分析： （1）做 Y 对 X 和 M 的回归，得测定系数 R_1^2 （2）做 Y 对 X、M 和 XM 的回归得 R_2^2，若 R_2^2 显著高于 R_1^2，则调节效应显著。或者做 XM 的回归系数检验，若显著，则调节效应显著	将自变量和调节变量中心化，做 $Y = a + bX + cM + dXM + \varepsilon$ 的层级回归分析（同左） 除了考虑交互效应项 XM 外，还可以考虑高阶交互效应项（如 XM^2 表示非线性调节效应，MX^2 表示曲线回归的调节）

资料来源：温忠麟，侯杰泰，张雷．调节效应与中介效应的比较和应用［J］．心理学报，2005，37（2）：268－274；陈晓萍，徐淑英，樊景立．组织与管理研究的实证方法［M］．北京：北京大学出版社，2008：316。

当调节变量是类别变量、自变量是连续变量时，可以做分组回归分析。但陈晓萍等（2008）认为除非没有选择（如特别的实验设计，如重复量度设计等)，否则用调节回归分析来验证调节作用总比用分组验证的方法好。当自变量是类别变量、调节变量是连续变量时，不能做分组回归，而是将自变量重新编码成为虚拟变量（dummy variable)，用带有乘积项的回归模型，做层次回归分析。

与调节效应容易混淆的是交互效应，因为两者在统计检验上是一致的，但在概念和理论上完全不同。交互效应是指：两个变量（X_1 和 X_2）共同作用时对 Y 的影响不等于两者分别影响 Y 的简单数学和。调节效应是指：一个变量（X_1）影响了另外一个变量（X_2）对 Y 的影响（陈晓萍等，2008)。在交互效应分析中，两个自变量的地位可以是对称的，其中任何一个都可以解释为调节变量；它们的地位也可以是不对称的，只要其中有一个起到了调节变量的作用，交互效应就存在。但在调节效应中，哪个是自变量，哪个是调节变量，是很明确的，在一个确定的模型中两者不能互换（温忠麟等，2005)。

第 4 章

主导行为、嵌入性与子公司发展

根据本书所构建的理论模型，本章主要考察主导行为、网络嵌入性与子公司发展之间的内在关系，图 4.1 展示了本章的研究内容。首先根据相关理论分析主导行为对网络嵌入性的影响以及网络嵌入性对子公司发展的影响，构建变量之间因果关系的理论假设；然后阐述所涉及主要变量的测量手段，并对数据进行统计分析；随后，对数据分析结果进行解释与讨论；最后概括研究的主要发现及其启示。

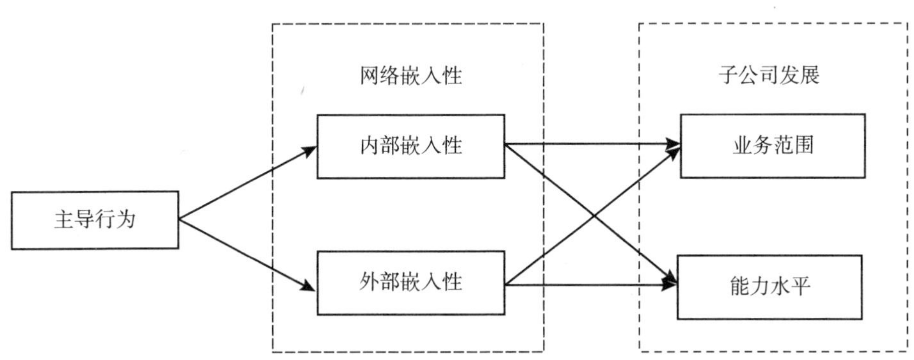

图 4.1　主导行为、网络嵌入与子公司发展的关系模型

4.1 理论推导与假设构建

4.1.1 主导行为与子公司嵌入性

波金绍（Birkinshaw，1998）认为子公司主导行为的过程包括三个阶段：一是识别新的商业机会；二是向总部和公司其他部分推销自己的创业想法并得到认可；三是获得资源承诺开发商业机会。内部网络对子公司实施主导行为的每个阶段都是必不可少的，分述如下：

机会识别的关键是获取有价值的信息，信息在机会识别中具有重要的作用（Shane and Venkataraman，2000）。子公司开展主导行为可以增加内部网络嵌入以获取跨国公司内部的信息，识别公司内部的商业机会。企业内部信息很多，归纳起来主要有：第一，反映企业管理部门的信息。例如，企业的计划、组织、指挥、控制等情况。第二，反映企业生产活动方面的信息。例如，车间、班组的生产情况和各种记录，生产调度，产品质量，设备状况以及各种定额、标准，制度、安全等。第三，反映企业经济方面的信息。例如，财务、会计、统计上的各种账簿、原始记录、凭证，报表以及资金，成本、价格等情况。第四，反映生产技术方面的信息。例如，工艺流程，各项专业技术水平，新产品的研制与开发等。第五，反映企业人事教育方面的信息。例如，职工队伍、知识结构、干部素质、人事关系、教育和培训等情况的反映。信息的获取使子公司能够了解跨国公司重点发展的方向，洞悉跨国公司即将变革的领域，发现跨国公司运营方面的不足，这些都有助于子公司识别跨国公司内部的重要机会。

子公司开展主导行为可能会遇到公司免疫系统的抵制。波金绍和雷德斯缀尔（Birkinshaw and Ridderstråle，1999）总结了公司免疫系统对主导行为抵制的三种表现：第一，公司管理者对主导行为的拖延、拒绝，或者要求更多的正当理由。拖延代表公司管理层对主导行为的不感兴趣，拒绝是公司管理层无条件的反对，要求更多的理由是公司管理者看到了主导行为的一些优点同时又存在一些担忧。第二，竞争部门对主导行为的游说和争夺。与焦点子公司有竞争关系的部门可能会游说和争取主导行为由它们来承担或实施。第三，缺少主导行为的合法性。主要表现在：子公司很难与合适的部门或群体建立联盟；缺少对主导行为概念的接受；其他子公司担心失去在所在国家主要业务活动的合法性。子公司可以通过增加内部嵌入减少公司免疫系统的抵制，顺利实施主导行为。首先，子公司增加内部嵌入增加了与母公司的联系和互动，使母公司能够更好地了解子公司的能力，了解子公司主导行为的意图及可行性，子公司的主导行为更容易获得母公司的认可和支持。其次，子公司增加内部嵌入增加了子公司与相关业务单位的联系和沟通，子公司能够发展避免对其他公司产生竞争威胁的主导行为，子公司之间也可以形成新业务投标与竞争机制，避免子公司之间的恶性竞争。最后，子公司增加内部嵌入促进了子公司与跨国公司内部网络其他成员的接触与互动，从而使子公司的主导行为在跨国公司内部产生合法性。其他成员更容易接受子公司的主导行为，免去了对子公司主导行为后果的担心，子公司也更容易与相应的网络成员建立联盟共同开展主导行为。

子公司开展主导行为必须需要获取资源以开发商业机会。子公司可以通过加强内部嵌入以获取跨国公司内部资源。内部嵌入促进了子公司与总部以及跨国公司内部其他网络成员的信息交换和紧密互动，从而使子公司识别有用的资源，获取资源的位置信息。内部嵌入在跨国公司内部网络中形成了信任、规范等机制，有效防范了机会主义行为的出现，网络成员更愿意共享资源，对关系专用资产进行投资，资源的交换和组合行为也更容易发生，子公司更容易获取所需的资源。嵌入性通过与跨国公司内部网络成员之间的有效沟通和长期相互作用能够使子公司明确资源的价值和使用方式，从而高效地利用和配置资源。

基于以上分析，本书提出如下假设：

假设 1：子公司主导行为与内部嵌入性正相关。

子公司实施主导行为，可以增加外部网络嵌入性以识别商业机会。子公司增加外部嵌入性，使子公司保持与客户、供应商、政府、科研机构的紧密联系与互动，减少搜寻时间，降低搜寻成本，快速识别商业机会。子公司可以利用与客户的良好关系获取信息以更好地了解客户需求并由此发现创业机会；与供应商的良好关系则有利于获取更稳定可靠的上游产品或服务信息，克服新创企业面临的规模经济劣势并从中发现创业机会；与政府的良好关系在人治重于法治的中国情境中使创业机会更容易接近；而与科研机构的良好关系则使新创企业更容易获得产品创新的相关信息，创业机会也随之而来（陈文沛，2016）。从王倩（2011）的研究中也可以推论出子公司增加外部嵌入能够使子公司更好地感知东道国环境的变化，影响了子公司获取信息的类型，子公司获取信息的类型决定了其识别机会的类型。东道国环境变化包括：社会、产业和市场结构、人口的变化，技术进步和政府政策变化。子公司获取信息的类型包括：市场信息、技术信息和政府政策信息。机会类型包括：市场型机会、技术型机会和政策型机会。三者之间的对应关系如图 4.2 所示。社会、产业和市场结构、人口的变化使子公司获取市场信息，有助于发现市场型机会；技术进步使子公司获取技术信息，有助于发现技术型机会；政府政策变化使子公司获取政府政策信息，有助于发现政策型机会。

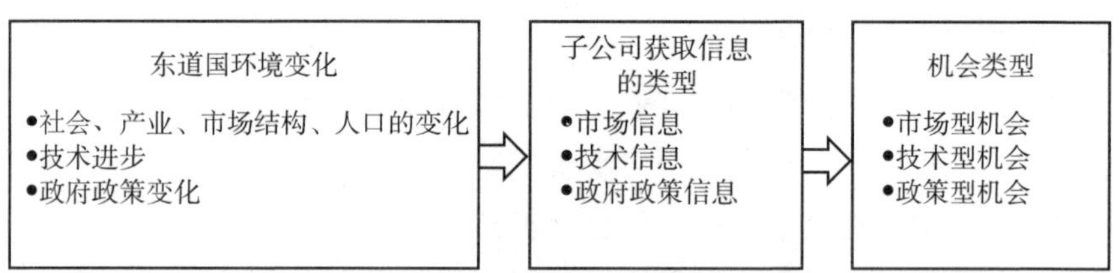

图 4.2　东道国环境变化、信息类型与机会类型之间的对应关系

资料来源：根据王倩．社会网络对创业机会识别的影响：信息获取的中介作用［D］．长春：吉林大学，2011 设计。

子公司实施主导行为需要获得资源支撑，外部嵌入为子公司获得资源承诺提供了重要的途径，表现在：首先，外部嵌入为子公司提供接触、汲取更多异质性资源的机会，可以通过与外部组织构成的组织间网络获取具有资源基础观特征的异质性资源，实现单个组织无法通过完全竞争市场所购买的价值性资源（姜骞和唐震，2016）。其次，外部嵌入通过子公司与外部网络合作伙伴的深度交互，使子公司能够有效管理来自外部组织的多元化资源（Koka and Prescott，2008），并将其与自身先验性资源进行融合与利用。哈里森和瓦路斯克（Harrison and Waluszewski，2008）研究认为，寓于组织间网络的资源具有典型的经济、社会和技术等多重属性，资源整合必须在跨组织间关系相互作用、相互影响的引致下进行，通过长期的、持续的交互磨合才得以实现。最后，外部嵌入增加子公司与外部网络成员之间的相互依赖，从而使网络成员共享有价值性资源、公开技术诀窍，继而实现跨组织资源整合效应。李玲（2010）研究指出，组织间依赖可以从不对称依赖和联合依赖两个层面考察，其中不对称依赖可以增强资源的流动效率，联合依赖可以提升组织间网络凝聚力，继而提升资源整合效率。麦克伊卫里和马库斯（McEvily and Marcus，2005）研究指出，组织间网络依赖性是企业间合作形成以信任为基础的双重关系联结纽带，能够大幅度提升跨组织间交流特质与专用性资源（专有信息、知识及技术诀窍等）的有序流动。

子公司实施主导行为需要增加外部嵌入，以便从外部网络中获取如下利益：第一，由于外部网络使一些企业数量相对集中，子公司许多中间投放品可以从其他企业就近取得，节省了运输成本、库存成本，还能享受供应商的辅助服务。第二，外部网络使子公司与其他当地企业在地理上邻近，容易建立信誉机制，减少讨价价等机会主义行为。第三，外部网络吸引各方面的人才广泛参与，形成专业化的人才库，减少子公司人才雇佣方面的成本。外部网络内有大量的专业信息、个人关系及社会关系，使信息流动很快，减少了子公司的信息成本。第四，在外部网络中，子公司可以获得学习与创造效应。外部网络存在着大量的企业，相互之间可以模仿和学习，一家企业的知识创新很容易外溢到子公司，通过实地参观、访问及经常性的交流，子公司能很快地学习和掌握这种知识和技能，新知识能在经营网络内迅速扩散，起到技术的推广作用。第五，外部网络还是培养子公司创新的温床，激烈的市场竞争迫使子公司不断地进行组织创新和管理创新，并获得由创新带来的超额利润。超额利润的存在又吸引了其他的企业不断学习和创新然后扩散到子公司，从而使外部网络内子公司竞争优势不断成长和发展。第六，在外部网络中，子公司还可以获得品牌和广告效应。外部网络的影响力不断扩大以后，会在消费者中间形成一个良性的品牌形象，增强了消费者的购买欲望和广告宣传效果，吸引更多的潜在用户（赵福厚，2007）。

基于以上分析，本书提出如下假设：

假设 2：子公司主导行为与外部嵌入性正相关。

4.1.2 嵌入性与子公司发展

跨国公司国际化的一个关键问题是其现有资源与在特定海外市场所需要的资源之间的相容性，即跨国公司需要具备与企业能力和资源相关的经验性知识以从事国际化经营，这种知识称为国际化知识（international knowledge）（葛京、杨莉和李武，2002）。国际化知识与当地市场知识相比是更高层次的知识，因为国际化知识既不是针对某个特定国家，也不是针对某一进入模式的，而是一个企业特有的关于如何组织和管理国际化经营活动的知识。因此，知识决定了跨国公司的国际化程度。

知识是从事某项业务或活动的基础。例如，从事生产活动就要有生产知识和技能，从事营销活动就要有营销知识和技能。子公司是否从事一项业务活动取决于其是否拥有从事该活动所需要的知识，因此知识决定了子公司的业务范围。子公司发展业务活动所需要的知识很多可以通过向母公司标准化复制而获得，依赖于母公司对子公司知识和技能的转移，因此内部嵌入性通过增加子公司从跨国公司内部获取知识和技能而扩大子公司的业务范围。

科斯多瓦和查希尔（Kostova and Zaheer，1999）研究了跨国公司的合法性问题，并把子公司的内部合法性定义为组织单位被公司中的其他单位主要是母公司所接受和承认。内部嵌入性促进了母子公司之间的沟通，增加了母子公司之间的信息流动。子公司的内部嵌入性促进了子公司的可信任性，提高了母公司对子公司的认同，增加了对子公司的关注和对其能力的认可（Birkinshaw，1999）。子公司的内部嵌入性促进了母公司对子公司的开放性，改善母公司对子公司的态度。因此，子公司内部嵌入性增加了其在跨国公司内部的合法性，有利于子公司发展新业务。

总而言之，子公司的内部嵌入性促进了跨国公司向子公司的知识转移，尤其是经营不同业务所需知识的转移，提高了子公司在跨国公司内部的合法性，进而促进了子公司业务范围的扩展。另外，子公司的内部嵌入性能够帮助子公司及时发现国际市场和跨国公司内部的新机会，主动开展新业务。

基于以上分析，本书提出如下假设：

假设3：子公司内部嵌入性与业务范围正相关。

内部嵌入与能力水平之间的关系可以从资源角度和知识角度进行分析。从资源的角度看，布莱勒和考福（Blyler and Coff，2003）认为嵌入关系通过促进企业的资源管理而提升了企业的能力，因为资源是能力的组成部分。嵌入关系通过促进子公司在跨国公司内部网络中多样化信息来源的流动促进了子公司资源的获得，通过子公司与跨国公司内部网络成员的广泛交流和互动促进了子公司资源的整合与重组，通过加强子公司与跨国公司内部网络成员之间的关系促进了企业资源的释放。

信任被认为是组织情境的一个方面（Ghoshal and Bartlett，1994）和合作的前提条件（Gulati，1995；Ring and Van de Ven，1994）。信任是一种类型的预期，减少了对交易伙伴机会主义行为的恐惧（Bradach and Eccles，1989）。当交易双方彼此信任时，他们更愿意共享资源而不会担心他们被另外一方所利用。因此，当信任存在时，意味着资源的交换或组合的合作行为就会出现（Tsai and Ghoshal，1998）。当跨国公司内部网络中发展出信任关系时，行为者之间的合作和协调更容易实现，更愿意从事资源的交换和组合。

社会联系是信息和资源流动的通道。通过社会相互作用，一个行为者能够接触其他行为者的资源。这种接触，如坎特（Kanter，1988）所观察的“允许创新者跨越组织中正式的界限和层次发现他们所需要的”。在跨国公司内，不同业务单位之间的相互作用模糊了这些单位的边界，促进了共同利益的形成。单个单位具有更多的机会与其他单位交换或组合资源（Tsai and Ghoshal，1998）。

从知识角度分析，那哈皮特和戈沙尔（Nahapiet and Ghoshal，1998）识别了影响知识创造过程的组合和交换的四个条件：第一个条件是组合或交换的机会存在，即对社会知识的接触。发展新知识的一个基本条件是能够利用和从事已经存在的、不同的知识以及各种主体或知识社区的求知（knowing）活动（Boland and Tenkasi，1995；Zuker et al.，1996）。第二个条件是价值预期，即能够利用存在的组合或交换资源机会的主体必须预期相互作用、交换和组合是值得做的，即使他们也不清楚能够产生什么，如何产生。第三个条件是动机，即从事知识交换和组合的行为主体能够通过他们的活动而实现价值。第四个条件是组合能力，即识别新知识和信息的价值，吸收并应用知识。内部嵌入使子公司增加了对跨国公司内部网络成员知识的接触；使跨国公司网络成员认识到相互作用能够实现价值，带来未来的回报；能够使子公司识别知识的价值，吸收并应用知识。

子公司内部嵌入促进了子公司与跨国公司内部网络成员之间共同的愿景、共同的价值观和行为方式、共同的语言的形成。共同的愿景使跨国公司内部网络成员在共同目标和利益的驱使下有更大的意愿分享和交换知识。共同的价值观和行为方式促进了跨国公司内部网络成员的合作，合作能够促进已有知识的转移以及新知识的创造。共同的语言使跨国公司内部网络成员之间的交流沟通更加通畅，促进了隐性知识的转移、吸收和内化。

知识的探索、清晰化、利用、内隐化的过程伴随着企业经营惯例的产生、应用和更新，实际上就是企业动态能力的产生与演化过程，图 4.3 从动态的角度构建了组织知识与动态能力之间关系的模型。

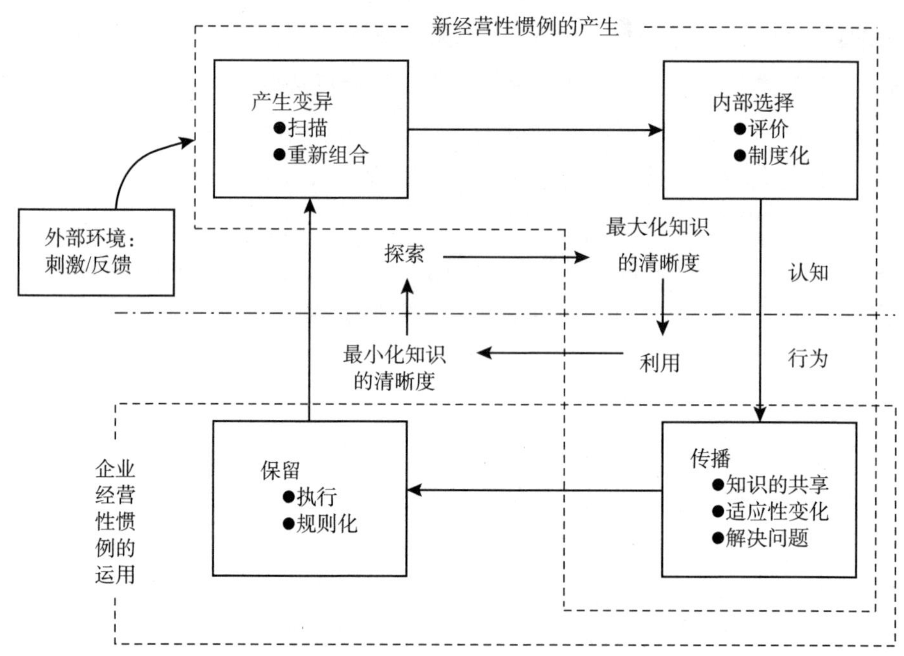

图 4.3　组织知识与动态能力的演进

资料来源：根据 Zollo M，Winter S G. Deliberate learning and the evolution of dynamic capabilities [J]. Organization Science，2002，13（3）：339 – 351；黄江圳，董俊武．动态能力的建立与演化机制研究[J]. 科技管理研究，2007（8）：9 – 11 的研究整理。

基于以上分析，本书提出如下假设：

假设4：子公司内部嵌入性与能力水平正相关。

国际化角度分析，跨国公司倾向于从更低程度的承诺向更高程度的承诺扩张，通常以销售和营销组织开始，向完全整合的制造职能发展（Chang and Rosenzweig，1998）。知识在解释企业的国际化扩张中起到了重要的作用。企业国际化扩张是一个不断试错的学习过程。国际化进程由于缺乏当地市场的知识而受限，因为这些知识主要是通过国外实践运作中获得的。一旦企业获得当地市场的知识，它们就可以通过一系列的扩大投资来进行国际化扩张（江积海，2007）。

邓宁用国际生产折衷理论来解释跨国公司对外直接投资行为，抽象出三个最基本的要素：所有权特定优势、内部化特定优势、区位特定优势。尤其是区位优势，在有利的东道国经济和市场机会的情况下能够促进子公司的角色演化（Dorrenbacher and Gammelgaard，2006）。处于先进产业集群中（Birkinshaw and Hood，2000）和有利的市场条件的子公司（Egelhoff，Gorman and McCormick，1998）有助于自身的演化，而且当东道国的竞争条件改变时，子公司更可能扩大它们的业务范围。这些变化包括通过降低关税而减少的当地市场的保护和基于全球效应的国际竞争。政府开发计划、改善的基础设施和大学计划都能够支持子公司的技术发展（Rugman and Douglas，1986）。而且政府能够通过补贴和税收减免而直接影响子公司战略。贝尼特等（Benito，Garogaard and Narula，2003）认为尽管公司内部因素如公司的国际化战略，在全球子公司“投资组合”中新地点的角色，投资的动机在跨国公司投资中是重要的，但是这些因素也取决于区位特定资源的可获得性，以实现投资的目的。子公司在东道国的活动范围受到区位特征的影响，这些特征包括产业和投资政策、市场规模、基础设施和资产可获得性。

从合法性角度分析，子公司在东道国的合法性受到东道国制度环境的影响。科斯多瓦和查希尔（Kostova and Zaheer，1999）认为制度环境包括三个领域：管制领域、认知领域和规范领域。管制领域是指存在的规则和法律以保证社会的稳定和秩序。认知领域是指组织必须遵守已经建立的认知结构以取得合法性。规范领域是指组织合法性会随着组织追求的价值观与更广泛的社会价值观之间一致性的增加而增加。管制领域是最容易观察、理解和解释的，因为它在法律、规则和规章中正式体现。规范领域是更加隐性的，是国家深层结构的一部分，因此很难被外来者所感知和解释。认知领域在被观察和解释的程度来说介于管制领域和规范领域之间。外部嵌入性不仅有利于子公司感知管制制度，更有利于感知更深层次的认知制度和规范制度，从而使子公司获得制度上的合法性，为子公司开展新业务、扩大业务范围扫清了制度方面的障碍。

外部嵌入性不仅使子公司了解当地的技术水平、市场状况、竞争程度、消费者需求，而且使子公司了解当地的历史、风俗、文化，这很容易使子公司发现市场机会，整合资源，开创新事业。

基于以上分析，本书提出如下假设：

假设5：子公司外部嵌入性与业务范围正相关。

资源基础观认为竞争优势来源于公司所持有和控制的资源和能力。因此，其对竞争优势的探寻集中于公司内部的资源。代尔和辛格（Dyer and Singh，1998）认为公司的关键资源可以超越组织的边界而扩展，异质的公司间联系是关系租金和竞争优势的来源。结合他们的研究，本书认为子公司外部嵌入性促进了子公司能力的提升。具体分析如下：

威廉姆森（Williamson，1985）确定了三种类型的资产专用性：地点专用性、物质资产专用性和人力资产专用性。地点专用性是指在本质上不可流动的连续生产阶段在位置上彼此靠近。以前的研究表明地点专用投资能够显著降低存货和运输成本以及降低协调活动的成本（Dyer，1996）。物质资产专用性是指交易特定的资本投资（如对定制的机器、工具、模具等的投资），使流程适合特定的交易伙伴。物质资产的专业化促进产品差异化，通过增加产品的完整性或匹配而改善产品的质量（Clark and Fujimoto，1991；Nishiguchi，1994）。人力资产专用性是指交易者通过长期关系而积累的交易特定的知识。人力资产专用性随着伙伴发展共同的经验，累积专业化的信息、语言和知识而增加。这减少了沟通错误，提高了质量，增加了对市场的反应（Asanuma，1989；Dyer，1996）。大量的研究表明关系专用资产的投资对竞争优势和绩效产生了积极的、正向的影响（Asanuma，1989；Dyer，1996；Saxenian，1984；Parkhe，1993）。代尔和辛格（Dyer and Singh，1998）认为有两个关键过程影响关系专用资产创造竞争优势的能力：一是防范机会主义管制安排的持久性。

当交易各方形成了有效的防范机会主义安排（Williamson，1985），当管制安排具有持久性时（Dyer，1997），交易伙伴更愿意对关系专用性资产进行投资。二是交易各方之间交易的规模和范围，通过增加交易各方之间交易的数量和范围，能够增加公司间交易的效率。子公司外部嵌入性通过子公司与当地顾客、供应商之间的紧密联系促进了防范机会主义管制安排的持久性和交易规模和范围的增加，促进了网络成员对关系专用资产的投资，促进了子公司的能力发展。

子公司外部网络中的互补性资源能够促进子公司的能力发展。代尔和辛格（Dyer and Singh，1998）把互补性资源禀赋定义为能够产生比从每一个伙伴个体禀赋获得租金总和更多的租金的独特资源。他们用雀巢和可口可乐的例子来说明合作关系如何促进合作伙伴能力的提高。这种合作把雀巢的品牌（Nescafe and Nestea），开发和生产速溶咖啡和茶产品的能力与可口可乐强大的国际分销和售货机网络结合起来。这个联盟产生了比日本竞争者（如 Suntory）更大的优势，尽管这些竞争者在速溶咖啡和茶方面比可口可乐更好，并具有比雀巢更大的分销和售货机网络，但这些无法与可口可乐—雀巢能力的组合相比。以上例子说明，网络伙伴能够提供独特的资源，当这些资源与公司的资源结合时会产生协同效应，使组合的资源禀赋比它们没有组合前更有价值、更稀缺、更难以模仿。实现互补性资源禀赋对能力提升的利益需要公司能够识别潜在的合作伙伴，评价他们的互补性资源，这依赖于公司接触及时、准确的伙伴信息的程度。子公司的外部嵌入性通过网络成员之间充分的信息交流和共享为子公司提供了网络中合作伙伴的精确信息，从而帮助子公司通过互补性资源禀赋促进其能力的发展。互补性资源禀赋对能力提升的利益还需要公司发展组织互补性，即接触互补性资源利益所必需的组织机制。合作伙伴实现互补性战略资源利益的能力以决策过程、信息和控制系统、文化为条件（Doz，1996；Kanter，1994）。子公司的外部嵌入性通过子公司与外部网络成员的相互作用和相互适应，促进了子公司系统、过程和文化等组织机制与外部网络成员之间的兼容，促进了子公司的能力发展。

当公司的能力建立在隐性知识的基础上并且是稀缺的、无法交易和模仿时，他们是公司超级绩效的基础（Barney，1991，1995；Spender，1996）。但是当替代出现和新的竞争问题出现时，它们对公司的战略价值会随着时间自然地受到侵蚀。公司最初倾向于通过调整已存在的能力或从已存在的组织知识发展新的能力而对能力减损的情况做出反应（Leonard - Barton，1992；Walsh and Ungson，1991）。如果这些反应是不令人满意的，公司寻求外部的知识来源努力发展不同于公司已存在能力集的能力（Lane and Lubatin，1998）。对于在不同国家经营的子公司来说，仅仅依靠母公司的知识输入无法使子公司发展出在东道国经营应该具有的能力，因此子公司必须寻求外部的、东道国的知识来源发展能力。子公司嵌入在东道国的外部网络是子公司外部知识的重要来源，外部嵌入又促进了网络中信任、管制等机制的形成，促进知识的共享和转移，因此外部嵌入性促进了子公司能力的发展。

信任之所以能够影响知识的整合主要表现在：第一，在知识创造的集体行动中，信任体现于他人对知识创造行动者完成创造任务能力的确信，相信他具有胜任的能力。从而其他的行动者才愿意一起合作来从事知识创造活动。第二，在知识创造的集体行动中，信任体现于他人相信行动者的诚实性，不会利用对方的弱点来进行投机行动的可能性。企业间的知识创新合作往往是相互的核心知识具有互补性，需要双方利用他们的核心知识来完成创造性工作。这也就使得企业同时面临着核心知识的泄密问题，如果合作的过程成了新的竞争对手的培养过程，无疑会使企业知识创造变得得不偿失，也就会使得企业失去知识合作创造的可能性。同样的问题也出现在专有性知识的投入上，因为企业间知识创造的效率也依赖于合作双方的知识专业化程度，但专有性知识投入也使得企业面临着被套牢的机会主义风险。事实上，即使是企业内部的合作也在知识共享上存在相同的障碍。如果没有相互的信任就不会有知识的共享和专有性知识的投入。因此，信任打开了人们交换知识的通道，增加了对交换的价值预期。

代尔和辛格（Dyer and Singh，1998）认为管制机制在关系租金的创造中发挥了重要的作用，因为它影响了交易成本和交易伙伴从事价值创造能动性的意愿。他们进一步把管制机制分成两类：一类是第三方执行的协议（third-party enforcement of agreement）（如法律合同），另一类是自我执行的协议（self-enforcing agreement），没有第三方介入来确定违约是否发生。在自我执行的管制机制中，又可以分为正式的防范（如财务和投资抵押）和非正式的防范（如友好信任和名声）。自我执行的机制比第三方执行机制更有效，是因为更低的交易成本、更低的监督成本、更低的适应成本、更低的再定约成本和价值创造能动性的更高动机。在自我执行机制中，非正式防范比正式防范更加有助于产生关系租金，是因为更低的边际成本和模仿的困难。子公司的外部网络嵌入性通过子公司与外部网络成员的长期合作和相互作用，形成信任、规范、名声等非正式防范机会主义行为的机制，这些机制允许子公司投资关系专用资产、共享知识、组合互补性战略资源，从而促进了子公司能力的发展。因此，有效的管制机制或者通过降低交易成本或者通过提供交易伙伴从事价值创造能动性的动机而使子公司发展能力。

基于以上分析，本书提出如下假设：

假设6：子公司外部嵌入性与能力水平正相关。

4.2 变量测量

4.2.1 子公司主导行为

关于子公司主导行为的研究仍然以定性研究为主，案例研究偏多，大样本的实证研究并不多见。波金绍等（Birkinshaw et al.，1998）采用五个题项操作化子公司主导行为：第一，新产品在子公司所在国开发，然后在国际上销售；第二，子公司成功获得公司在其所在国的投资；第三，新的国际商务活动首先在子公司所在国开展；第四，增加已经在国际上销售的产品线；第五，子公司管理层吸引到在研发或制造方面的新公司投资。波金绍（Birkinshaw，1999）以六个题项测量子公司主导行为，即在上述五个题项基础上增加了一个题项：第六，投标把制造从跨国公司其他地方转移到子公司所在国。汪建康（2007）在衡量我国企业集团子公司主导行为时采用了如下题项：第一，子公司会主动在当地发展新产品以掌握市场机会；第二，子公司会主动发起新的创新活动；第三，此子公司会主动积极地向母公司建议或提案；第四，此子公司会积极改进并加强修正现有产品线；第五，此子公司能主动创造出新资源、新技术与新知识；第六，此子公司会积极建立发展销售活动及销售据点。阿莫斯等（Ambos, Andersson and Birkinshaw, 2010）用三个题项测度子公司主导行为，一是子公司在其所在国家开发新产品，然后在国际上销售；二是子公司管理层领导的在其所在国家的收购；三是子公司管理层吸引的新的公司投资。

本书在波金绍等（Birkinshaw et al., 1998），波金绍（Birkinshaw, 1999）和黄海昕（2013）对子公司主导行为进行测度的基础上，采用回答者主观评价的方法测度子公司主导行为。即首先根据相关文献把主导行为的抽象概念具体化为子公司实际的行动，然后要求回答者对子公司采取行动的程度进行评价，并在 Likert 7 级量表上进行打分，以此来测度子公司主导行为。

4.2.2 子公司嵌入性

德哈纳拉等（Dhanaraj et al., 2004）在母公司与海外合资子公司关系嵌入对其知识转移影响的研究中，基于现有文献中关系资本及关系嵌入维度的划分，把母子公司关系嵌入划分为联结强度、信任和共享的价值观三个维度。莫兰（Moran, 2005）在其关系嵌入对企业管理绩效的研究中，从关系紧密性和关系信任两个维度考虑组织间的关系嵌入性，他认为这两个维度较全面地反映出组织间的关系嵌入。亚民和安德森（Yamin and Andersson, 2011）用三个题项测量内部嵌入性：第一，在内部关系中子公司产品开发的适应程度；第二，在内部关系中子公司生产开发的适应程度；第三，在内部关系中直接涉及的不同知识领域数量。用三个对应题项测量外部嵌入性：第一，在外部关系中子公司产品开发的适应程度；第二，在外部关系中子公司生产开发的适应程度；第三，在外部关系中直接涉及的不同知识领域数量。哈林等（Hallin, Holm and Sharma, 2011）用四个题项来来测量内部和外部嵌入：第一，网络伙伴间技术适应的程度；第二，关系的长期导向和稳定性；第三，相互依赖的水平；第四，共同信任的水平。赛尔巴仕等（Ciabuschi et al., 2014）用三个题项测量公司嵌入。关于公司内部伙伴，评价下列陈述：第一，在发展创新中总部完全支持你的利益；第二，与总部的合作以经常的相互作用为特征；第三，内部网络伙伴在长期对你的业务是重要的。他们用三个题项测量外部嵌入。关于公司外部伙伴，评价下列陈述：第一，你在商品和服务的销售和购买方面有紧密的关系；第二，你使你的资源和活动很好地适应了伙伴；第三，伙伴对你的业务从长期看是重要的。

张慧（2007）把跨国子公司关系嵌入分为集团关系嵌入和本地关系嵌入，把跨国子公司的集团关系嵌入划分为信任、紧密性和规范整合三个维度，把子公司的本地关系嵌入划分为信任、紧密性和承诺三个维度。魏江和徐蕾（2014）以及赵云辉和崔新建（2016）以交流频率和关系持久度两个维度分别测量企业嵌入本地、超本地知识网络的关系嵌入强度。

在国际商务领域，安德森（Andersson）和福斯格伦（Forsgren）对于跨国子公司网络嵌入做了一系列的研究，对子公司网络嵌入的研究做出了重要贡献。由于本书同时考虑了内部关系嵌入和外部关系嵌入，而且研究内部关系嵌入和外部关系嵌入在总体上对子公司角色演化和组织学习的影响，因此本书以安德森等（Andersson et al.，2005）的研究为基础，参考纳智费 - 泰维尼等（Najafi - Tavani，Giroud and Sinkovics，2012），李等（Li，Liu and Thomas，2013），纳智费 - 泰维尼等（Najafi - Tavani，Giroud and Anderssson，2014）的研究来测度内部关系嵌入和外部关系嵌入。对于外部嵌入性，本书用四个题项来测度：子公司最重要的当地业务关系导致子公司在（a）产品技术、（b）生产技术、（c）标准操作程序、（d）业务实践方面适应的程度。对于内部嵌入性，本书也是用四个题项来测度：子公司最重要的公司内业务关系（包括与母公司和其他子公司关系）导致子公司在（a）产品技术、（b）生产技术、（c）标准操作程序、（d）业务实践方面适应的程度。子公司内部嵌入性和外部嵌入性均采用 Likert 7 级评分法，“1”表示嵌入性很低，“7”表示嵌入性很高。得分越高表示嵌入性越高，子公司嵌入性的测量条目描述见表 4.1。

表 4.1　　子公司嵌入性的测量条目描述

编号	测量条目	最小值	最大值	均值	标准差
嵌入性 1	子公司最重要的当地业务关系导致子公司在产品技术方面适应的程度	1	7	4.58	1.622
嵌入性 2	子公司最重要的当地业务关系导致子公司在制造技术方面适应的程度	1	7	4.44	1.676

续表

编号	测量条目	最小值	最大值	均值	标准差
嵌入性3	子公司最重要的当地业务关系导致子公司在标准操作程序方面适应的程度	1	7	4.44	1.619
嵌入性4	子公司最重要的当地业务关系导致子公司在业务行为（即从事业务的方式）方面适应的程度	1	7	4.80	1.595
嵌入性5	子公司最重要的跨国公司内业务关系导致子公司在产品技术方面适应的程度	1	7	4.88	1.648
嵌入性6	子公司最重要的跨国公司内业务关系导致子公司在制造技术方面适应的程度	1	7	4.74	1.581
嵌入性7	子公司最重要的跨国公司内业务关系导致子公司在标准操作程序方面适应的程度	1	7	4.96	1.603
嵌入性8	子公司最重要的跨国公司内业务关系导致子公司在业务行为（即从事业务的方式）方面适应的程度	1	7	4.78	1.579

根据经验判断，只有当KMO值大于0.50，Bartlett球形检验统计值具有显著性，且各条目的载荷系数均大于0.50时，才可以进行因子分析（马国庆，2002）。表4.2是子公司嵌入性的因子分析结果，代表样本充分水平的KMO检验值为0.779，说明样本数量是充分的，超过了因子分析的样本限制条件。表明条目间相对关联程度的Bartlett球形检验值为546.066，显著性水平$p<0.01$，说明各条目是相互关联的，适合于提取公共因子。在因子分析中采取主成分分析方法，因子旋转方法采用方差最大化旋转方法（varimax rotation），特征值（eigenvalue）必须大于1，因子载荷（factor loading）的绝对值必须大于0.5。从因子分析结果来看，提取出了两个公共因子，根据其理论意义分别命名为外部嵌入性和内部嵌入性，其方差贡献率为74.556%，说明原有8个变量的所有方差中，有74.556%可以用提取的公因子解释，解释力较强。

表 4.2　　子公司嵌入性的因子分析结果

测量条目	外部嵌入性	内部嵌入性
嵌入性 1	0.828	
嵌入性 2	0.850	
嵌入性 3	0.819	
嵌入性 4	0.831	
嵌入性 5		0.877
嵌入性 6		0.925
嵌入性 7		0.874
嵌入性 8		0.859
KMO	0.779	
Bartlett's test	Chi - Square：546.066；df：28；Sig.：0.000	
因子方差累积贡献率	74.556%	

在进行量表信度分析时，最常用的内在信度判断系数为 Cronbach's α 系数，它将决定变量测度的各个测量条目之间在多高的频率上保持得分相同（Truran，2001）。只有具有较高的信度判断系数时，才能保证变量测量条目符合一致性要求。通常认为，保留在变量测度项中的单项与总和项（item-to-total）的相关系数应大于 0.35，并且测度变量的 Cronbach's α 值应该大于 0.70（Nunnally，1978）。本书在进行信度分析时采用了"条目删除 Cronbach's α 系数检验"，如表 4.3 所示。量表 Cronbach's α 值分别为 0.855 和 0.909，大于 0.70，单项与总和项的相关系数最小值为 0.680，大于 0.35，可以认定测量量表具有较高的信度。

表 4.3　　子公司嵌入性的信度分析

测量条目	条目对全体条目的更正相关系数	若删除该条目 Cronbach's α	全体条目 Cronbach's α
嵌入性 1	0.697	0.816	0.855
嵌入性 2	0.725	0.804	
嵌入性 3	0.689	0.819	
嵌入性 4	0.680	0.823	

续表

测量条目	条目对全体条目的更正相关系数	若删除该条目 Cronbach's α	全体条目 Cronbach's α
嵌入性5	0.774	0.890	0.909
嵌入性6	0.861	0.859	
嵌入性7	0.781	0.887	
嵌入性8	0.765	0.893	

4.2.3 子公司发展

关于子公司发展的操作化在文献中并不多见。比较有代表性的是贝尼特等（Benito et al.，2003）的研究。他们用两个维度操作化子公司发展。

（1）子公司所承担活动的范围（范围）：

$$范围 = \sum a_i$$

其中，a_i = 特定的活动 i（研究、开发、产品或服务的生产、营销/销售、物流/分销、购买、人力资源管理）。如果执行一项活动其值为1，不执行其值为0，所以该变量只是简单加总活动的数量。因此，范围的数值从1（即单个活动单位）到7（即执行全部范围活动）。

（2）子公司执行特定任务或活动的能力（水平）：

$$水平 = \frac{\sum c_i}{\sum a_i}$$

其中，c_i 是外国子公司在从事特定活动 i 时能力水平的测量，由回答者在Likert 7级量表上选择（1 = 很弱的能力，7 = 很强的能力）。因为能力水平的指标 c_i 只对给定子公司实际承担的活动 a_i 进行计数，它提供了该子公司总体平均能力水平的测量。

4.2.4 控制变量

4.2.4.1 子公司的规模

公司规模是子公司管理研究中典型的控制变量（如：Benito et al.，

2003；Mu，Gnyawali and Hatfield，2007）。公司规模影响了冗余资源的可获得性（Ghoshal and Bartlett，1988）。子公司的规模越大，表示子公司拥有的资源越多，子公司越有权利决定自己的行为，因此贝尼特等（Benito et al.，2003）认为子公司规模影响子公司发展。

本书以员工人数为标准对子公司的规模进行衡量。为了减少方差，本书在进行统计分析时对员工人数进行了取对数处理。

4.2.4.2 母公司的集权程度

如果母公司的集权程度高，子公司的一切经营行为都在母公司的控制和掌握之中，子公司的行为空间狭小，无法发挥能动性促进自身的发展。而且倾向于采用集权控制的母公司不愿意看到子公司的发展，因为子公司发展往往会增加子公司自治的愿望，摆脱母公司的严格控制。如果母公司的集权程度低，子公司能够具有更大的行动自由，能够控制自己的命运，积累独特的资源和能力，进而促进子公司发展。

本书采用回答者对母公司集权程度进行主观评价的方法，要求回答者在Likert 7级量表上对母公司的集权程度进行打分，“1”表示集权程度很低，“7”表示集权程度很高，“1”分到“7”分程度逐渐加深。母公司集权程度的平均得分为4.53，标准差为1.746。

4.2.4.3 产业

台冰（2000）根据道斯（Dosi）技术规范理论，把技术活动分为传统技术和高技术，把相应技术所支撑形成的产业称为相应的产业。因此，产业可以分为传统产业和高技术产业。使用传统技术规范来解决各种生产问题而形成的产业称为传统产业；而运用新的技术规范即高新技术解决生产中出现的问题，无法用传统技术解决问题而出现的新产业称为高技术产业。

所谓传统产业，是指工业化进程中前一阶段经过高速增长后保留下来的一系列产业，它是以传统技术为基础，通过增量资本和劳动力的投入，尽可能多地利用自然资源生产社会产品，以外延式的方式推动经济增长，其对自然资源的依赖性，对资金的效用保留在较低水平的阶段，对社会进步和发展的贡献日渐衰减。在经济发展的不同阶段，传统产业的内涵是不同的。就中国当前而言，传统产业主要是指在工业化初级阶段和重化工业化阶段发展起来的一系列产业群。在统计分类上大多属于第二产业中的原材料加工以及加工工业中的轻加工工业（潘颖，2008）。我国传统的产业大致可分为三类：一类是资源开采和初加工业，这类产业主要包括煤炭工业、黑色金属和有色金属采掘与加工业，造纸工业，石油天然气工业开采加工，竹木加工与采运业，电力、蒸汽、热水供应业，传统建材工业等；第二类产业是日用消费品制造业，这类产业主要包括食品工业、纺织业、缝纫业、文教体育用品制造业、家具加工业、家用电器工业、印刷业、工艺美术品制造业等；第三类产业是生产品制造业，包括仪器仪表、电气机械及器材制造业、电子及通信设备制造业等（王崇举等，2001）。在上述三种产业分类中，可以简单地把第一类称作原材料工业，后两类并称为加工工业。

按照经济合作与发展组织（OCED）的定义，高技术产业是指研发（R&D）经费占产品销售额的比例远高于各产业平均水平的产业。在 1988 ~ 1995 年间，这类产业有 6 个：电子计算机及办公设备制造业，航空航天器制造，医药制造业，电子及通信设备制造业，电气机械制造业，科学仪器仪表制造业；1995 ~ 2001 年间，这类产业有 4 个：航空航天器制造业，医药制造业，电子计算机及办公设备制造业，电子及通信设备制造业；2001 年又调整为 5 个：航空航天器制造业，电子及通信设备制造业，电子计算机及办公设备制造业，医药制造业，医疗设备及仪器仪表制造业。我国从 2000 年起采用了 OECD 对高技术产业的定义，并根据 OECD 2001 年的新分类进行了调整。2002 年国家统计局印发了《高技术产业统计分类目录的通知》。2013 年国家统计又把高技术产业分为制造业和服务业，印发了《高技术产业（制造业）分类（2013）》和《高技术产业（服务业）分类（2013）试行》。2018 年国家统计局印发了《高技术产业（服务业）分类（2018）》。

根据《高技术产业（制造业）分类（2013）》，高技术产业（制造业）是指国民经济行业中研发投入强度（即研发经费支出占主营业务收入的比重）相对较高的制造业行业，包括：医药制造，航空、航天器及设备制造，电子及通信设备制造，计算机及办公设备制造，医疗仪器设备及仪器仪表制造，信息化学品制造等六大类。

根据《高技术产业（服务业）分类（2018）》，高技术服务业是采用高技术手段为社会提供服务活动的集合，包括信息服务、电子商务服务、检验检测服务、专业技术服务业的高技术服务、研发与设计服务、科技成果转化服务、知识产权及相关法律服务、环境监测及治理服务和其他高技术服务等九大类。

本书采用虚拟变量来表示子公司的产业属性。如果子公司所在的产业为高技术产业，则以“1”表示。反之，如果子公司所在的产业为传统产业，则以“0”表示。

4.3 结果与讨论

4.3.1 描述性统计与相关分析结果

在进行回归分析前，需要了解变量的基本特征以及变量间的关系。本书首先对研究变量进行描述性统计和相关分析，初步判断变量之间的内在联系以及回归方程的多重共线性问题；然后分别以业务范围和能力水平为因变量，采用层级回归技术逐步加入控制变量、自变量，检验所提出的具体理论假设。表 4.4 显示了本章研究变量各自的均值、标准差，以及变量之间的 Pearson 相关系数。

表 4.4 研究变量的描述性统计及相关矩阵

变量	均值	标准差	公司规模	集权程度	所在产业	主导行为	内部嵌入	外部嵌入	业务范围	能力水平
公司规模	6.106	1.693	1							
集权程度	4.53	1.746	-0.066	1						
所在产业	0.39	0.489	0.185*	0.066	1					
主导行为	4.30	1.735	-0.026	-0.016	-0.069	1				
内部嵌入	4.841	1.421	0.036	0.320**	-0.043	0.178	1			
外部嵌入	4.563	1.360	0.005	-0.060	0.022	0.543**	0.000	1		
业务范围	5.51	1.455	0.215*	-0.151	0.053	0.274**	0.068	0.288**	1	
能力水平	5.093	1.044	0.015	0.191*	-0.075	0.133	0.306**	0.070	-0.196*	1

注：** 表示在 $p<0.01$ 的水平上显著相关（双尾检验）；* 表示在 $p<0.05$ 的水平上显著相关（双尾检验）。

本章分析的变量包括控制变量、自变量、因变量。对于控制变量而言，公司规模与所在产业、业务范围存在着显著的正相关关系，相关系数分别为0.185（$p<0.05$）、0.215（$p<0.05$）。集权程度与内部嵌入、能力水平存在着显著的正相关关系，相关系数分别为0.320（$p<0.01$）、0.191（$p<0.05$）。对于自变量来说，主导行为与外部嵌入、业务范围存在着显著的正相关关系，相关系数分别为0.543（$p<0.01$）、0.274（$p<0.01$）。内部嵌入与能力水平存在着显著的正相关关系，相关系数为0.306（$p<0.01$），外部嵌入与业务范围存在着显著的正相关关系，相关系数为0.288（$p<0.01$）。从因变量之间的相关关系看，子公司的业务范围与能力水平负相关，相关系数为-0.196（$p<0.05$）。因为能力水平是子公司实际承担活动的平均能力水平，所以业务范围与能力水平负相关表明子公司的业务范围越大，其能力水平可能越低。从自变量之间的相关关系看，内部嵌入性与外部嵌入性相关系数为0，这是因子分析中通过方差最大化正交旋转（varimax orthogonal rotation）的结果，表明它们是同一变量的不同维度，是相互独立的，会对因变量产生不同的影响。

从控制变量与自变量以及自变量之间的相关关系看，除母公司的集权程度与子公司的内部嵌入性之间存在着显著的正相关关系外，其他变量之间均不存在显著性相关关系。据此可以初步判断，各变量之间自相关现象并不严重，意味着回归模型不会存在严重的多重共线性问题。所有变量间的相关系数都在0.6以下，没有达到0.7~0.8的水平，处于正常水平，可以进一步进行回归分析（王京伦，2016）。

以上各研究变量之间的两两相关系数虽然说明它们之间存在着相关关系，但并不能判明变量之间的因果关系和影响作用大小，因为相关分析无法排除其他因素对它们之间关系的影响。因此，变量之间的相关关系只能作为判断它们之间因果关系的参考，因果关系仍然需要通过进一步的回归分析来确定。

4.3.2 回归分析结果与假设检验

为了检验可能存在的多重共线性问题，本书在进行线性回归分析时分别计算了各个模型的方差膨胀因子（VIF），结果显示本章各模型的方差膨胀系数（VIF）均低于2。按照标准，VIF 值小于10，便表明模型的多重共线性并不严重。

表4.5 列出了主导行为与嵌入性以及嵌入性与子公司发展之间的回归分析结果。模型1 是主导行为对子公司内部嵌入性的回归分析模型，控制变量集权程度对内部嵌入性具有显著的正向影响（$\beta=0.352$，$p<0.01$），表明集权程度越高，子公司的内部嵌入程度越高。主导行为对内部嵌入性具有显著的正向影响（$\beta=0.213$，$p<0.05$），假设1 成立。这表明主导行为越多，子公司内部嵌入程度越高。模型2 是主导行为对子公司外部嵌入性的回归分析模型，主导行为对子公司外部嵌入性具有显著的正向影响（$\beta=0.546$，$p<0.01$），假设2 成立。这表明主导行为越多，子公司外部嵌入程度越高。

表 4.5　主导行为与嵌入性，嵌入性与子公司发展的回归分析结果

变量	模型 1	模型 2	模型 3	模型 4	模型 5	模型 6
	内部嵌入	外部嵌入	业务范围	能力水平	业务范围	能力水平
公司规模	0.077 (0.052)	0.008 (0.047)	0.192** (0.079)	0.027 (0.056)	0.202** (0.076)	0.0460 (0.057)
集权程度	0.352*** (0.050)	−0.006 (0.045)	−0.179* (0.080)	0.113 (0.056)	−0.122 (0.073)	0.206** (0.055)
所在产业	−0.066 (0.180)	0.059 (0.164)	0.034 (0.274)	−0.076 (0.193)	0.017 (0.263)	−0.099 (0.199)
主导行为	0.213** (0.050)	0.546*** (0.046)				
内部嵌入			0.120 (0.139)	0.265*** (0.098)		
外部嵌入					0.279*** (0.126)	0.085 (0.095)
R^2	0.156	0.298	0.078	0.109	0.143	0.053
Adjusted R^2	0.127	0.274	0.046	0.078	0.113	0.020
R^2 change	0.156***	0.298***	0.078*	0.109**	0.143***	0.053
F − value	5.276***	12.113***	2.418*	3.479**	4.754***	1.606
N，df	119，4	119，4	119，4	119，4	119，4	119，4

注：回归模型采取的是强制进入法，表中列示的是标准化回归系数，* 表示 $p<0.10$、** 表示 $p<0.05$、*** 表示 $p<0.01$。

模型3和模型4是内部嵌入性对子公司业务范围和能力水平的回归分析模型。在模型3中控制变量公司规模对业务范围具有显著的正向影响（$\beta = 0.192$，$p < 0.05$），表明子公司规模越大，其业务范围越大。集权程度对业务范围具有显著的负向影响（$\beta = -0.179$，$p < 0.10$），表明跨国公司集权程度的提高会对子公司业务范围产生不利的影响。自变量内部嵌入性对子公司业务范围不具有显著的影响，假设3不成立。模型4是内部嵌入性对子公司能力水平的回归分析模型，结果显示内部嵌入性对子公司能力水平具有显著的正向影响（$\beta = 0.265$，$p < 0.01$），假设4成立。这表明子公司增加内部嵌入性有利于其能力水平的提高。

模型5和模型6是外部嵌入性对子公司业务范围和能力水平的回归分析模型。模型5是外部嵌入性对子公司业务范围的回归分析模型，控制变量公司规模对业务范围具有显著的正向影响（$\beta = 0.202$，$p < 0.05$），外部嵌入性对业务范围具有显著的正向影响（$\beta = 0.279$，$p < 0.01$），假设5成立，表明外部嵌入性增加，子公司业务范围扩大。模型6是外部嵌入性对子公司能力水平的回归分析模型，控制变量集权程度对子公司能力水平具有显著的正向影响（$\beta = 0.206$，$p < 0.05$），但自变量外部嵌入性对能力水平的影响是不显著的，假设6不成立。

本章研究假设的检验情况如表4.6所示。

表4.6　本章研究假设的检验情况

假设	内容	结论
假设1	子公司主导行为与内部嵌入性正相关	成立
假设2	子公司主导行为与外部嵌入性正相关	成立
假设3	子公司内部嵌入性与业务范围正相关	不成立
假设4	子公司内部嵌入性与能力水平正相关	成立
假设5	子公司外部嵌入性与业务范围正相关	成立
假设6	子公司外部嵌入性与能力水平正相关	不成立

4.3.3 讨论与启示

4.3.3.1 讨论

假设 1 预期子公司主导行为与内部嵌入性正相关，实证结果表明该假设成立。子公司开展主导行为，可以增加内部网络嵌入以获得跨国公司内部网络信息，识别跨国公司内部的创业机会。内部嵌入促进了子公司与母公司、其他子公司之间的交流，子公司能够更好地推销自己的创业想法，以获得跨国公司内部网络成员，尤其是母公司的支持和认可。内部嵌入促进了跨国公司内部网络成员之间的资源转移，子公司能够更好地获取资源、应用资源。

假设 2 预期子公司主导行为与外部嵌入性正相关，实证结果表明该假设成立。子公司开展主导行为，可以增加外部网络嵌入以获得东道国网络利益。外部嵌入除了能够使子公司识别东道国市场机会，获得外部网络资源之外，还能够使子公司通过空间集聚和信任机制降低成本，通过知识溢出促进组织间学习，通过合作开展创新。此外，子公司开展主导行为需要增加外部嵌入以使子公司获得东道国网络中的合法性，更好地开展创业行为。

假设 3 预期子公司内部嵌入性与业务范围正相关，实证结果表明该假设不成立。一个可能的解释是，子公司必须了解东道国的文化、市场状况、消费者需求，必须充分利用当地的知识和机会，才能促进其业务范围的扩大。也就是说，子公司的国际化扩张必须以当地知识为基础。而当地知识，尤其是隐性知识是无法通过子公司内部嵌入性从跨国公司内部获得的。另一个可能的解释是，尽管子公司内部嵌入性能够为子公司提供从事生产经营活动所需要的知识，但东道国在地理、文化、风俗、市场等方面的差异使子公司通过内部嵌入性从母公司获取的知识无法直接转换成子公司从事各项活动所需要的技能，因而无法导致子公司业务范围的拓展。子公司必须有能力整合跨国公司内部知识和东道国当地知识，或者对从母公司获取的知识进行本土化改造（蒲明，2009b），才有可能促进子公司业务范围的扩大。

假设 4 预期子公司内部嵌入性与能力水平正相关，实证结果表明该假设成立。在那哈皮特和戈沙尔（Nahapiet and Ghoshal，1998）对嵌入性与知识创造的研究以及蔡和戈沙尔（Tsai and Ghoshal，1998）对嵌入性与价值创造的研究的共同支持下，本书表明子公司的内部嵌入性促进了子公司的知识创造，而知识是能力的基础，知识的演化导致能力的演化，因此内部嵌入性促进了子公司能力水平的提升。同时，内部嵌入性促进了跨国公司内部网络中共同的愿景、文化、语言的形成，增加了跨国公司内部单位之间的彼此认同和共同解决问题的动机，提高了跨国公司内部单位之间沟通和交流的质量，有利于子公司获取和整合资源。资源的获取和整合提升了子公司的柔性和对外部环境的适应性，增加了子公司识别和吸收新技术的能力，促进了子公司的创新（马鸿佳、葛宝山和汤浩瀚，2008），同时子公司在资源获取和整合过程中不断形成和更新组织的惯例，有利于子公司更新和提高其能力。

假设5预期子公司外部嵌入性与业务范围正相关，实证结果表明该假设成立。该结果与国际化理论（Carlson，1975；Johanson and Wiedersheim – Paul，1975；Johanson and Vahlne，1977）、区位优势理论（Dunning，1981）相一致。国际化理论认为跨国公司东道国市场知识的多寡直接影响对国外市场机会和风险的认识，从而影响海外市场的经营决策。不断丰富的东道国市场知识（经验）将推动跨国公司把更多的资源投向海外市场。区位优势理论认为区位优势是对外直接投资的充分条件，它决定了对外直接投资在不同国家或地区之间的流向。区位要素如投入要素价格、质量和生产率，运输和通信费用、市场潜力和空间分布、人为进入障碍、基础设施条件和其他投资环境、政府政策、文化和心理差异等对于对外直接投资和子公司业务范围都具有重要的影响（原毅军，1999）。同时该结果也与贝尼特等（Benito et al.，2003）的研究一致，他们认为环境是决定子公司角色的重要因素。

假设6预期子公司外部嵌入性与能力水平正相关，实证结果表明该假设不成立。可能的解释是：第一，当关系质量达到很高的水平时，减少了监督的需要，降低了冲突的水平。尽管降低的监督和讨价还价可能降低知识交易的成本，但它们也可能降低获得新知识的数量。同样，如果信任达到很高的水平，就会存在在需要时被提供信息的预期，以至于减少获取外部知识的动机。总之，高水平的信任能够导致关系融洽，降低交易成本，但实际上可能不会增加知识获取（Yli-renko，Autio and Sapienza，2001）。第二，赵景华（2002）在实证研究中发现跨国公司在华子公司的初始战略角色以市场开拓型和生产基地型为主，二者的比例达到跨国公司在华子公司总数的 95%。同样，杨桂菊（2004）的研究也表明跨国公司在华子公司中，近 67% 的子公司为生产基地型。这意味着母公司的知识比中国当地的知识对子公司的竞争优势和能力发展更加重要。

4.3.3.2 启示

本章构建了主导行为—网络嵌入—子公司发展之间的理论模型，并通过跨国公司在华子公司的大样本数据进行实证研究，得出了一些非常有价值的发现，这些发现具有重要的理论和实践启示。

理论和实践启示体现在：第一，子公司主导行为能够促进网络嵌入的提高。对于子公司管理者来说，实施主导行为必须要增加其在内部网络或者外部网络的嵌入性，以识别机会，获取资源承诺。第二，网络嵌入对子公司发展具有不同的作用。内部嵌入能够促进子公司能力水平的提高，外部嵌入能够促进子公司业务范围的扩大。对于子公司来说，应该根据其发展的侧重点，选择在不同网络中的嵌入，管理其在不同网络中的嵌入程度。

本章建立了主导行为与子公司网络嵌入之间、网络嵌入与子公司发展之间的理论联系，有助于深化子公司嵌入理论和子公司发展理论的研究。

第5章 主导行为、组织学习与子公司发展

根据本书所构建的理论模型，本章主要考察主导行为、组织学习与子公司发展之间的内在关系，图5.1展示了本章的研究内容。本章主要是根据相关理论分析主导行为对子公司发展的影响，主导行为对组织学习的影响，组织学习子公司发展的影响，包括组织学习的四个过程维度：知识获取、信息扩散、信息解释、组织记忆。在此基础上，探究组织学习在主导行为与子公司发展之间的中介机制，构建变量之间因果关系和作用机制的理论假设；然后阐述所涉及主要变量的测量手段，并对数据进行统计分析；随后对数据分析结果进行解释与讨论；最后概括研究的主要发现及其启示。

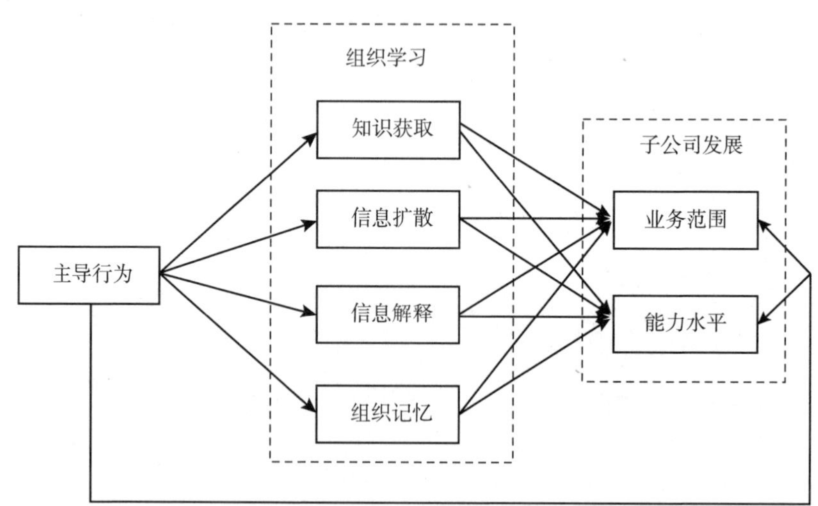

图5.1 主导行为、组织学习与子公司发展的关系模型

5.1 理论推导与假设构建

5.1.1 主导行为与子公司发展

子公司主导行为具体体现在产品和技术创新、新业务开拓和组织变革三个方面（杜传文和林枫，2012）。产品和技术创新不仅有利于不断扩大与竞争对手的差距，而且还有助于树立强势的市场声誉，它是环境不断变化下企业保持持续竞争优势的关键来源，是企业绩效最重要的决定要素；新业务开拓可以有针对性地锁定利润丰厚的市场领域，创造出先行者优势，还可以通过控制销售渠道与专利技术来掌握市场，索取高价并在市场上大幅领先竞争对手；在组织变革过程中，企业创造性地进行资源配置，实现了产品和技术的新组合。

德莱尼（Delany，2000）认为子公司可以采取四种主导行为来促进子公司领域的发展：第一，追求当地市场的新业务机会。子公司管理层可以开展以东道国现有业务或销售为基础的主导行为。第二，竞标公司投资。总部计划在一个子公司中建立新活动，子公司管理层竞标这个投资。第三，扩展委任。子公司管理层试图为已存在的委任增加新的活动。第四，重新配置经营活动。子公司管理层试图说服总部合理化国际经营活动，以便从其他地点的关闭或合理化中获得增加的业务。由此可见，主导行为对子公司业务范围的扩大具有积极的促进作用。

波金绍（Birkinshaw，1998）认为主导行为可以分为内部导向和外部导向。外部导向的主导行为强调识别公司边界外部的机会，即子公司通过与当地顾客、供应商或其他企业的相互作用，发现新的顾客需求，发展新的供应商或形成新的联盟关系。内部导向的主导行为强调通过子公司管理者与公司系统内其他行为者之间的相互作用识别公司边界内部的机会，即寻求跨国公司内部关系运作更加有效。它们指向建立新关系，挑战已存在的关系，识别未满足的机会。

内部导向主导行为又可以进一步细分为重新配置主导行为（reconfiguration initiative）、标新立异主导行为（maverick initiative）、努力争取主导行为（bid initiative）、放胆一试主导行为（'leap of faith' initiative），如图 5.2 所示。重新配置主导行为是子公司试图改变公司内部已经存在的活动配置以增加效率。标新立异主导行为同样是增加内部市场的效率，但是它们的实施没有得到总部的批准。努力争取主导行为直接指向跨国公司的新兴业务领域，试图获取新的委任。放胆一试主导行为指向新兴业务领域，但是没有得到总部批准，其本质是子公司经理对于某种技术或业务领域出现的一种赌注，希望能够获得成功。

	外部市场开发导向	内部网络效率导向
总部批准	重新配置主导行为	努力争取主导行为
总部没有批准	标新立异主导行为	放胆一试主导行为

图 5.2　内部主导行为的类型

资料来源：Birkinshaw J. Corporate entrepreneurship in network organizations: How subsidiary initiative drives internal market efficiency [J]. European Management Journal, 1998, 16 (3): 355－364。

无论是内部导向还是外部导向的主导行为，其结果都是推出新产品、新服务，开发新市场，形成新业务，获取新委任。总之主导行为使子公司业务范围扩大。

根据以上分析，本书提出如下假设：

假设 1：子公司主导行为与业务范围正相关。

主导行为是子公司的创业过程，涉及子公司的战略变革，通过改变子公司的业务范围、资源配置、竞争优势等战略内容，使子公司能够调和组织与环境界面的关系（马一德、龙正平和范利民，2007），更好地适应组织外部环境，应对快速变化和日益复杂的市场竞争。主导行为包括子公司主动改变其内部流程、组织结构、组织惯例等，使子公司具有不断更新自我，克服核心能力刚性，促进能力的更新和演化。

子公司开展主导行为，增加委任实际上是子公司建立能力和发展能力的过程。子公司在获得新委任之前必须使母公司确信子公司已经发展了承担新委任的能力。这就需要子公司建立与现有委任不直接相关的能力。在很多情况下，制造型子公司建立了产品和过程开发能力，而不让母公司知晓。他们必须通过成功的新产品和过程表明其能力发展的成功性以获得母公司的新委任（Delany，2000）。

主导行为是子公司的创业行为，由以下五个重要维度构成：第一，创新性（innovativeness）。就是指公司支持创造性活动和试验的意愿、努力和行动，例如，公司导入新产品或服务、重大革新、技术领先和开发新工艺的研发活动等。第二，冒险性（risk taking）。是指公司即使在不知道创业机会是否能成功的情况下抓住创业机会并且未料后果的大胆地行动的意愿程度。第三，自治性（antonomy）。是个人或团队提出构想或愿景以及将它们付诸实施的独立行动。通常，它意味着在追寻机会方面的自我导向的能力和意愿（Lumpkin and Dess，1996）。在组织管理的意义上，它指组织成员或部门摆脱组织限制的决策和行动。第四，先动性（poracitveness）。是公司预期到未来需求变化所可能带来的机会，而率先采取行动的倾向，例如，领先于同行推出新产品或服务、引进新科技或策略性地退出处于成熟或衰退阶段的事业（Venkatraman，1989）。第五，竞争侵略性（competitive aggressiveness）。指企业直接向竞争对手发起挑战或是采取非传统的竞争手段来巩固自己的市场地位（或竞争优势）的倾向。这五个维度都能够在子公司能力的构建以及提升方面发挥重要作用。

针对我国新企业的实证研究也证明了公司创业有助于动态能力提高。胡望斌等（2009）的研究表明如果新企业增强创新性、行动模式趋于主动出击超前行动，提高企业的创业导向，将会显著增强企业变革更新、环境洞察、组织学习等动态能力。胡望斌和张玉利（2011）的研究表明创新性对变革创新与组织柔性能力作用关系显著；风险承担性对组织学习能力有显著效应；先动性则分别对环境洞察能力和资源获取能力作用关系显著。张玉利和李乾文（2009）的研究显示创新与超前行动分别对探索能力、开发能力具有显著的影响。

基于以上分析，本书提出如下假设：

假设2：子公司主导行为与能力水平正相关。

5.1.2 主导行为与组织学习

子公司实施主导行为是创业的过程，而创业的过程也是学习的过程（Petkova，2009）。子公司开展主导行为能够不断强化经验学习，即利用自身经验，通过反复地思考、实践和归纳总结将已有的有价值的经验转化为知识（陈彪等，2014）。按照伦普金和利希滕斯坦（Lumpkin and Lichtenstein，2005）的观点，经验学习具有目标导向性或路径依赖性，是对先前经验做出的反应，即复制行为者成功的行为，并尽量避免先前的失败行为。子公司开展主导行为能够不断强化认知学习，即通过观察他人行为来获取和吸收知识的过程（陈文沛，2016），如模仿他人较为成功的行为、规避他人失败的行为。子公司开展主导行为能够不断强化实践学习，即通过亲身实践进行学习。通过采取行动来理解和克服创业困境，将先前掌握的知识和积累的经验应用于创业实践，在创业实践中完善自己的创业知识，并提高运用创业知识的效率（单标安，2013）。可见，无论是经验学习还是认知学习抑或是实践学习都是子公司获取知识、理解知识、应用知识的过程。

子公司开展主导行为本质上是子公司的创业活动。创业是创业机会的识别、评价和利用的过程（Ardichvili，Carclozo and Ray，2003）。由于创业机会具有知识属性（陈颉，2006），创业机会的识别、评价和利用的过程实际上就是组织学习的过程。子公司通过系统学习，获取新知识，并对有用的新知识进行选择，新的有用知识通过复制在组织内传播，随后形成了对新知识的一致理解，最后新知识在组织内存储成为组织记忆（王林、杨东涛和秦伟平，2009）。子公司正是根据基于机会的组织记忆对组织的有形和无形资源进行重组，进而开发和利用机会。

蒲明（2015）进一步指出在子公司开展主导行为的不同阶段对应着不同的组织学习方式。在新事业的创建阶段应该采取经验学习方式，在新事业的存活阶段应该采取认知学习方式，在新事业的成长阶段应该采取认知学习和实践学习相结合的学习方式。

基于以上分析，本书提出如下假设：

假设3：主导行为与组织学习正相关。

假设3a：主导行为与知识获取正相关。

假设3b：主导行为与信息扩散正相关。

假设3c：主导行为与信息解释正相关。

假设3d：主导行为与组织记忆正相关。

5.1.3 组织学习与子公司发展

组织学习促进了子公司发现国际市场、东道国市场、跨国公司内部市场蕴涵的机会，从而有利于子公司从事新的业务，拓展现有业务范围。

组织学习促进组织对新机会的识别主要表现在：首先，组织学习，强调提高实践并通过创造新知识把这种实践扩展到新领域中，构建新的理解，并去除和矫正偏差。这些特点可能会促进企业进一步创业；同样的特质可用于识别一个学习型组织，一个擅长创造、获得、传递知识，并塑造反映新知识和新观点的学习行为的组织能够有效识别和寻求新事业机会。其次，组织学习能够提高一个企业识别机会的能力，并训练这种能力有效追求新事业（韦雪艳，2008）。

伦普金和利希滕斯坦（Lumpkin and Lichtenstein，2005）系统研究了三种组织学习方式（行为学习、认知学习、行动学习）对企业机会识别的作用。首先，认知学习包括个体和组织认知模式的变化以及组织系统中转移知识方式的变化（Glynn，Lant and Milliken，1994）。就这些变化产生新产品或开发新市场的程度来说，认知学习是机会识别的来源，促进了新事业的创造。在大多数情况下，认知学习作为一种转换能力而发生，也就是重新定义已存在想法或资源的含义或价值，形成公司新的经济机会的能力。这种重新定义至少以两个方式发生：把现在存在的资源转化成新产品，或者是重新解释内部过程以至于产生新的信息和知识。其次，行为学习主要是适应性的，集中于在经验的基础上修改惯例和结构。成功产生了惯例运行的稳定性，失败产生了变化。新事业的一个好处是灵活性，即通过改变组织的核心属性而改变方向的能力（Lichtenstein，2000）。在这个意义上，行为学习至少可以通过两种方式触发新机会：通过惯例的修改而产生对公司提供产品的意料之外的扩展，通过组织范围内一连串的适应而导致意料之外的协同和营销解决方案。最后，行动学习通过改变新想法产生的情境而创造了新机会的潜力。通过集中于组织基本的规范和质疑约定的规则是否合适，行动学习创造了开放性、有效性、创新性的文化（Argyris，1990）。这种宽广的意识增加了个体在赞成的理论和使用的理论之间的联系，创造了增加发现和更加精细地评价和实施想法的条件。

组织学习引起组织知识存量的增加，从而使企业产生了进入或退出的决策，进入和退出决定了企业的范围，即企业从事经营活动领域的广度和深度（江积海，2007）。知识是提供某项产品或服务的基础，界定了企业能够承担的各种内外活动（蒲明，2007a）。子公司拥有了从事某一项活动的知识才能从事该项活动。例如，子公司只有拥有了生产知识，才能从事生产活动。在拥有了研发所需要的知识后才能从事研发活动。子公司从事国际化经营，必须具有管理国际化经营活动的知识。因此，子公司的组织学习影响了子公司在各个业务领域是否拥有知识以及拥有知识的数量，进而决定了子公司的业务范围。组织学习过程通过信息的处理加工能够促进子公司对开展新业务所需要知识的获取、消化、吸收和应用，从而促进子公司开展新业务（刘井建，2011）。

在特定制度环境下的子公司通过组织学习增加了其对制度环境的认识，增加了对制度要求和执法行为者的了解，从而使子公司通过适应制度环境或与制度环境谈判而实现合法性（Kostova and Zaheer，1999）。合法性有助于子公司从事现有业务活动和开发新业务活动。

基于以上分析，本书提出如下假设：

假设 4：组织学习与业务范围正相关。

假设 4a：知识获取与业务范围正相关。

假设 4b：信息扩散与业务范围正相关。

假设 4c：信息解释与业务范围正相关。

假设 4d：组织记忆与业务范围正相关。

关于组织学习与动态能力之间的关系，从现有文献看主要有两类观点。一类观点从个体学习到组织学习再到动态能力的顺序来进行剖析（魏江和焦豪，2008）。企业家和高管在碰到预料之外的新情况时，必须做出新的反应。

而这些新的反应往往不在企业现有惯例集之内，企业家和决策层必须探寻新的生存或者解决方案。随着时间的推移，新的情况不断出现，企业家和高管不断做出新的反应，促使企业通过实验、试错和即兴创作的方式来进行学习，从而提升适应快速变化的环境的能力。即兴创作是一种组织学习的方式，它最大化地减少了组织计划与行动之间的时间，使企业能够迅速地应对环境的变化（蒲明，2007b）。塞佩达和维拉（Cepeda and Vera，2007）从知识管理的角度研究了知识、学习与动态能力的关系，并指出组织通过学习和创造新的知识，把新知识传递到组织层面并将其制度化，从而能更好地提升自己的动态能力。概括地说，动态能力意味着创造、接受和实施新想法、新流程以及新产品和新服务，如果企业内部学习气氛浓厚，那么就能促进企业动态适应不断变化的复杂环境。

另一类观点强调组织学习机制对动态能力形成与提升的内在作用（魏江和焦豪，2008）。“机制”一词的一般意义是指有机体的构造和工作原理，它通常是指有机体的构造、功能和相互关系，或泛指一个复杂的工作系统的相互依存、相互制约关系。学习机制指的是学习的主体、学习的方式和学习环境所构成的相互依存、相互制约关系（李兴旺，2006）。格兰特（Grant，1996）认为学习机制是设计出一组制度化的互动程序，以促进组织内部的知识交换、分享、转移、重组或整合。

艾森哈特和马丁（Eisenhardt and Martin，2000）认为学习机制指导能力的演化，并指出重复的实践、经验的编码、错误、经验的速度（pacing of experience）是能力发展和演化的重要学习机制。实践帮助人们更全面地理解过程，因此发展更有效的惯例。把经验编码成技术和正式程序使经验更容易应用，加速了惯例的建立。小错误提供了学习的最大动机，因为这种失败使个人更加关注过程，而不会产生学习的障碍。经验来得太快会淹没管理者，使管理者没有能力把经验转换成有意义的学习；不经常的经验导致忘记以前学习的内容，同样导致较少的知识积累。

佐洛和温特（Zollo and Winter，2002）认为学习的过程使组织形成惯例，使组织不断调适自己的惯例，这种调适组织惯例的能力就是组织的动态能力。他们借用“知识演进循环”来描述动态能力的具体的演进过程。知识演化循环包括四个阶段：产生变化阶段、内部选择阶段、复制阶段和保留阶段。在产生变化阶段，由于外部的变化，个体和群体产生新的知识，这些知识可以是用来解决老问题的新办法，或者是用来处理新的挑战的知识。在内部选择阶段，是这些新知识是否具有潜在的提高组织效率的价值评估。通过知识的清晰化、分析和讨论，新的知识变得外在化，好的知识被选择。复制阶段包括新知识的编码和扩散到组织相关的部门。新知识的应用产生了预期的绩效，从而诱导新的知识演进循环。动态能力就是通过经验的积累、知识的清晰化过程和知识的编码化过程的组织学习机制而不断演化的。在保留阶段，高质量的新知识保留在组织中，新知识不断地深入到员工的行为中，成为组织的惯例。

他们提出了影响组织能力演化的三种学习机制：第一，经验积累。能力反映了经验的智慧，因为他们是试错学习的结果和过去经验的选择与保留（Gavetti and Levinthal，2000）。第二，知识表达。它是指隐含的知识通过集体讨论、听取汇报和绩效评估过程表达出来。通过知识表达，组织成员能够更好地理解执行特定任务的行为与产生的绩效结果之间的因果机制，导致对已存在惯例的适应性调整或增加对根本变革需要的认知。第三，知识编码。它是指人们用书面工具编码化他们对内部惯例绩效意义的理解，如手册、蓝图、决策支持系统、项目管理软件等。这些工具的目的是揭示行为和绩效结果之间的联系，它们中的大部分能提供对执行未来任务的指导。这些书面工具产生和不断更新的过程意味着努力理解决策和绩效之间的因果联系。另外，知识编码能够促进已存在知识的扩散与复杂活动的协调和执行。

基于以上分析，本书提出如下假设：

假设5：组织学习与能力水平正相关。

假设5a：知识获取与能力水平正相关。

假设5b：信息扩散与能力水平正相关。

假设5c：信息解释与能力水平正相关。

假设5d：组织记忆与能力水平正相关。

5.1.4 组织学习在主导行为与子公司发展之间的中介作用

主导行为开始于商业机会的识别。机会的识别是一个组织学习的过程。虽然技术、市场、政治和社会条件的改变会产生大量的创业机会，但是在创业机会被识别之前只是杂乱无章的信息堆积，因此需要子公司获取相关信息，以过去的组织记忆对信息进行解释、加工、匹配，产生新记忆、新思想、新观念，有价值的创业机会才能浮现，开发这些机会才能形成新产品、新服务、新职能，增加子公司的业务范围。另外，主导行为促进了子公司利用自身经验进行学习，模仿他人行为进行学习，通过亲身实践进行学习，从而改变子公司的认知模式、修改了组织惯例和结构，改变了新想法产生的情境，从而促进了子公司对新机会的识别，开拓新业务。

主导行为同样涉及机会的开发。机会开发是指对源于商业机会的产品、服务进行有效（efficient）、全方位（full-scale）地生产和运营，是投入全部资源创办有效的生产系统和商业系统的过程（刘佳和李新春，2013）。这里所说的商业机会的产品和服务实际上是子公司经过知识获取、信息扩散、信息解释、组织记忆之后形成的知识，而创办有效的生产系统和商业系统是知识的应用，意味着组织新产品和服务的落地，或者是新职能领域的增加，表明子公司的业务范围扩大。

总之，子公司开展主导行为促进了组织学习，组织学习一方面能够进一步促进机会的识别，另一方面能够为子公司开发机会提供了知识基础，使机会由潜在变为现实，因而实现了子公司业务范围的扩展。

基于以上分析，本书提出如下假设：

假设 6：组织学习在主导行为与业务范围之间发挥中介作用。

假设 6a：知识获取在主导行为与业务范围之间发挥中介作用。

假设 6b：信息扩散在主导行为与业务范围之间发挥中介作用。

假设 6c：信息解释在主导行为与业务范围之间发挥中介作用。

假设 6d：组织记忆在主导行为与业务范围之间发挥中介作用。

子公司在实施主导行为的过程中强化了组织学习。子公司通过学习不仅可以增加知识和技术基础（核心能力和核心竞争力）并提高吸收、利用新信息的能力，而且促进了知识的转化过程，动态的知识转化过程（学习）能够提高企业完成战略目标的能力，在效率或创新等方面达到更高水平。此外，通过组织学习获得的知识还促进了资源的识别、获取和利用（蒲明和孙德升，2013），对子公司发展能力具有重要作用。

子公司实施主导行为触发了子公司的组织学习过程。知识获取、信息扩散、信息解释、组织记忆都是能力培育的有价值手段。子公司通过不断整合内部和外部获取的知识，通过知识外显化和知识编码等活动创造新的知识，将这些知识应用于成长过程之中，为培育新的能力奠定了基石。新知识能够促进形成新的程序或管理方式并进一步推动创造新的能力。特别地，通过发现、干中学和亲历实践而获取的内隐知识对形成新能力起到了非常重要的作用。

子公司开展主导行为的过程也是子公司不断遇到问题，不断解决问题的过程。问题解决与学习是紧密相连的。子公司将问题解决方法以功能、结构、信息、决策和计划程序等形式融入组织，对可能再次发生问题的解决方法进行制度化或惯例化，在增加知识积累的同时形成了组织的能力。随着子公司不断解决新问题，新知识不断出现并替代旧知识，组织惯例不断更新，组织能力不断演化和提升。

基于以上分析，本书提出如下假设：

假设 7：组织学习在主导行为与能力水平之间发挥中介作用。

假设 7a：知识获取在主导行为与能力水平之间发挥中介作用。

假设 7b：信息扩散在主导行为与能力水平之间发挥中介作用。

假设 7c：信息解释在主导行为与能力水平之间发挥中介作用。

假设 7d：组织记忆在主导行为与能力水平之间发挥中介作用。

5.2 变量测量

关于子公司主导行为、业务范围和能力水平的测度依然采用上一章的测度方法，相应的因子分析和信度检验见上一章，在此不再赘述。关于控制变量，本章依然沿用上一章所使用的控制变量，即子公司规模、母公司集权程度、子公司所在产业，相应的测度方法与上一章相同，此处不再赘述。下面重点说明组织学习的测度。

由于能力的背后是知识，尤其是隐性知识，因此从知识（或信息）的角度来测度组织学习符合研究的要求。另外，子公司发展和能力的演化是动态的过程，因此从动态的角度来测度组织学习有助于更好地理解能力的演化。

基于以上两个原因，本书选择休伯（Huber，1991）对组织学习四个构念的划分，并采用李正卫（2003）组织学习的量表，用知识获取、信息扩散、信息解释、组织记忆来测度组织学习。为了使组织学习测度符合跨国公司子公司的研究需要，本书仅对知识获取构念的部分题项进行适当修改，其他构念保持不变。

从组织学习的研究来看，学者们普遍认同组织学习是一个多维构念，并从不同的角度把组织学习分为不同的维度，除休伯（Huber，1991）的划分外，比较有代表性的研究有：斯库拉（Sinkula，1994）把组织学习分为信息获取、信息扩散、共同解释三个维度，尼维斯等（Nevis et al.，1995）把组织学习分为知识获取、知识分享、知识使用三个维度。斯莱特和那沃（Slater and Narver，1995）把组织学习分为信息获取、信息扩散、共同解释、组织记忆四个维度。总之，组织学习是一个多维构念。各个维度都是同一构念的不同表现，也就是说，组织学习的不同维度都是用来代表同一个多维构念的不同方式，这类多维构念属于“潜因子型多维构念”（latent multidimensional construct，LMC）。对潜因子型多维构念的估计可以采取两步骤的方法，第一步是用多维构念各个维度的指标分别对各个维度做出估计，第二步是估计各个维度背后的潜因子，即由指标合并到维度，再由维度合并得到构念（陈晓萍，徐淑英，樊景立，2008）。

本书采用四个测量条目来测度知识获取维度，采用 Likert 7 级量表，得分越高，意味着知识获取的水平越高，具体统计描述见表 5.1。

表 5.1　知识获取的测量条目描述

测量条目	测量条目	最小值	最大值	均值	标准差
学习 01	子公司鼓励员工通过各种渠道从公司内部（母公司和其他子公司）获取知识	1	7	5.46	1.401
学习 02	子公司鼓励员工通过各种渠道从公司外部（中国市场）获取知识	1	7	5.21	1.478
学习 03	子公司激励员工进行“干中学”，即在实践中积累经验，获取知识	2	7	5.77	1.324
学习 04	子公司从财力和其他资源上鼓励企业的研发活动	1	7	4.75	1.842

对知识获取的因子分析见表 5.2。可见，代表样本充分水平的 KMO 检验值为 0.751，说明样本数量是充分的，超过了因子分析的样本限制条件。表明条目间相对关联程度的 Bartlett 球形检验值为 93.630，显著性水平 $p<0.01$，说明各条目是相互关联的，适合于提取公共因子。从因子分析结果来看，通过主成分方法提取出了一个公共因子，其方差贡献率为 55.519%，也就是说，原来 4 个变量的所有方差中，有 55.519% 可以用所提取的公共因子来解释。

表 5.2　　知识获取的因子分析结果

测量条目	因子载荷值
学习 01	0.813
学习 02	0.765
学习 03	0.720
学习 04	0.676
KMO	0.751
Bartlett's test	Chi-square：93.630；*df*：6；Sig.：0.000
因子方差累积贡献率	55.519%

表 5.3 是知识获取的信度分析结果。一般经验认为，保留在变量测度项中的单项与总和项（item-to-total）的相关系数应大于 0.35，并且测度变量的 Cronbach's α 值应该大于 0.70（Nunnally，1978）。从表 5.3 可以看出，每一个测量条目对全体条目的更正相关系数均明显大于 0.35，删除条目后的 Cronbach's α 值均小于全体条目的 Cronbach's α 值 0.719，表明量表具有良好的信度。

表 5.3　　知识获取的信度分析

测量条目	条目对全体条目的更正相关系数	若删除该条目 Cronbach's α	全体条目 Cronbach's α
学习 01	0.604	0.604	0.719
学习 02	0.533	0.642	
学习 03	0.482	0.674	
学习 04	0.448	0.712	

本书采用五个测量条目来测度信息扩散维度，采用 Likert 7 级量表，得分越高，意味着信息扩散的水平越高，具体统计描述见表 5.4。

表 5.4　　信息扩散的测量条目描述

测量条目	测量条目	最小值	最大值	均值	标准差
学习 05	子公司内部同级部门之间经常进行信息交流	1	7	5.37	1.314
学习 06	子公司上下级部门之间经常进行交流活动	1	7	5.30	1.423
学习 07	子公司文化鼓励企业内部员工之间的信息交流	1	7	5.38	1.473
学习 08	子公司高层领导经常强调企业内部信息交流的重要性	1	7	5.32	1.495
学习 09	子公司的组织结构有利于企业内部的信息交流	1	7	4.92	1.514

对信息扩散的因子分析见表 5.5。可见，代表样本充分水平的 KMO 检验值为 0.807，说明样本数量是充分的，超过了因子分析的样本限制条件。表明条目间相对关联程度的 Bartlett 球形检验值为 305.611，显著性水平 $p < 0.01$，说明各条目是相互关联的，适合于提取公共因子。从因子分析结果来看，通过主成分方法提取出了一个公共因子，其方差贡献率为 67.327%，也就是说，原来 5 个变量的所有方差中，有 67.327% 可以用所提取的公共因子来解释。

表 5.5　　信息扩散的因子分析结果

测量条目	因子载荷值
学习 05	0.809
学习 06	0.830
学习 07	0.820
学习 08	0.835
学习 09	0.809
KMO	0.807
Bartlett's test	Chi-square：305.611；*df*：10；Sig.：0.000
因子方差累积贡献率	67.327%

表5.6是信息扩散的信度分析结果。一般经验认为，保留在变量测度项中的单项与总和项（item-to-total）的相关系数应大于0.35，并且测度变量的Cronbach's α 值应该大于0.70（Nunnally，1978）。从表5.6可以看出，每一个测量条目对全体条目的更正相关系数均明显大于0.35。删除条目后的Cronbach's α 值均小于全体条目的Cronbach's α 值0.878，表明量表具有良好的信度。

表5.6　　信息扩散的信度分析

测量条目	条目对全体条目的更正相关系数	若删除该条目 Cronbach's α	全体条目 Cronbach's α
学习05	0.694	0.856	0.878
学习06	0.719	0.850	
学习07	0.710	0.852	
学习08	0.734	0.846	
学习09	0.695	0.856	

本书采用三个测量条目来测度信息解释维度，采用Likert 7级量表，得分越高，意味着信息解释的水平越高，具体统计描述见表5.7。

表5.7　　信息解释的测量条目描述

测量条目	测量条目	最小值	最大值	均值	标准差
学习10	子公司员工对公司的愿景或战略目标有比较一致认同	1	7	5.07	1.454
学习11	子公司鼓励不同部门和员工对新信息达成一致理解	1	7	5.08	1.375
学习12	子公司各部门具有足够的能力理解新信息	1	7	4.99	1.356

对信息解释的因子分析见表5.8。可见，代表样本充分水平的KMO检验值为0.640，说明样本数量是充分的，超过了因子分析的样本限制条件。表明条目间相对关联程度的Bartlett球形检验值为102.286，显著性水平$p<0.01$，说明各条目是相互关联的，适合于提取公共因子。从因子分析结果来看，通过主成分方法提取出了一个公共因子，其方差贡献率为68.657%，也就是

说，原来 3 个变量的所有方差中，有 68.657% 可以用所提取的公共因子来解释。

表 5.8　　信息解释的因子分析结果

测量条目	因子载荷值
学习 10	0.780
学习 11	0.809
学习 12	0.893
KMO	0.640
Bartlett's test	Chi-square：102.286；*df*：3；Sig.：0.000
因子方差累积贡献率	68.657%

表 5.9 是信息解释的信度分析结果。一般经验认为，保留在变量测度项中的单项与总和项（item-to-total）的相关系数应大于 0.35，并且测度变量的 Cronbach's α 值应该大于 0.70（Nunnally，1978）。从表 5.9 可以看出，每一个测量条目对全体条目的更正相关系数均明显大于 0.35，删除条目后的 Cronbach's α 值均小于全体条目的 Cronbach's α 值 0.768，表明量表具有良好的信度。

表 5.9　　信息解释的信度分析

测量条目	条目对全体条目的更正相关系数	若删除该条目 Cronbach's α	全体条目 Cronbach's α
学习 10	0.535	0.764	0.768
学习 11	0.565	0.727	
学习 12	0.712	0.562	

本书采用三个测量条目来测度组织记忆，采用 Likert 7 级量表，得分越高，意味着组织记忆的水平越高，具体统计描述见表 5.10。

表 5.10　　组织记忆的测量条目描述

测量条目	测量条目	最小值	最大值	均值	标准差
学习 13	子公司高层领导经常强调保存已获的各种新信息，以便日后可能的需要	1	7	5.16	1.402
学习 14	子公司的信息检索工具和方法有利于知识查询	1	7	5.05	1.518
学习 15	子公司具有完善的基于计算机基础的知识储存系统	1	7	5.58	1.487

对组织记忆的因子分析见表 5.11。可见，代表样本充分水平的 KMO 检验值为 0.559，说明样本数量是充分的，超过了因子分析的样本限制条件。表明条目间相对关联程度的 Bartlett 球形检验值为 120.475，显著性水平 $p <$ 0.01，说明各条目是相互关联的，适合于提取公共因子。从因子分析结果来看，通过主成分方法提取出了一个公共因子，其方差贡献率为 67.966%，也就是说，原来 3 个变量的所有方差中，有 67.966% 可以用所提取的公共因子来解释。

表 5.11　　组织记忆的因子分析结果

测量条目	因子载荷值
学习 13	0.698
学习 14	0.922
学习 15	0.837
KMO	0.559
Bartlett's test	Chi-square：120.475；df：3；Sig.：0.000
因子方差累积贡献率	67.966%

表 5.12 是组织记忆的信度分析结果。一般经验认为，保留在变量测度项中的单项与总和项（item-to-total）的相关系数应大于 0.35，并且测度变量的 Cronbach's α 值应该大于 0.70（Nunnally，1978）。从表 5.12 可以看出，每一个测量条目对全体条目的更正相关系数均明显大于 0.35，删除条目后的 Cronbach's α 值均小于全体条目的 Cronbach's α 值 0.761，表明量表具有良好

的信度。

表 5.12　　组织记忆的信度分析

测量条目	条目对全体条目的更正相关系数	若删除该条目 Cronbach's α	全体条目 Cronbach's α
学习 13	0.441	0.734	0.761
学习 14	0.766	0.462	
学习 15	0.593	0.677	

在对组织学习的四个维度知识获取、信息扩散、信息解释、组织记忆进行估计后，还需要进一步估计各个维度背后的潜因子——组织学习，同样采用因子分析的方法，如表 5.13 所示。可见，代表样本充分水平的 KMO 检验值为 0.777，说明样本数量是充分的，超过了因子分析的样本限制条件。表明条目间相对关联程度的 Bartlett 球形检验值为 224.940，显著性水平 $p<0.01$，说明各条目是相互关联的，适合于提取公共因子。从因子分析结果来看，通过主成分方法提取出了一个公共因子，其方差贡献率为 69.550%，也就是说，原来 4 个变量的所有方差中，有 69.550% 可以用所提取的公共因子来解释。

表 5.13　　组织学习的因子分析结果

测量条目	因子载荷值
知识获取	0.712
信息扩散	0.888
信息解释	0.888
组织记忆	0.835
KMO	0.777
Bartlett's test	Chi-square：224.940；*df*：6；Sig.：0.000
因子方差累积贡献率	69.550%

5.3 结果与讨论

5.3.1 描述性统计与相关分析结果

本章的研究首先对变量进行描述性统计分析和相关分析，以初步判断变量之间的内在关系。表 5.14 显示了本章研究变量各自的均值、标准差，以及变量之间的 Pearson 相关系数。

本章分析的变量包括控制变量、自变量、因变量、中介变量。对于控制变量而言，公司规模与所在产业、业务范围存在着显著的正相关关系，相关系数分别为 0.185（$p<0.05$）、0.215（$p<0.05$）。集权程度与信息扩散、组织记忆、能力水平存在着显著的正相关关系，相关系数分别为 0.182（$p<0.05$）、0.200（$p<0.05$）、0.191（$p<0.05$）。对于自变量来说，主导行为与知识获取、信息扩散、信息解释、业务范围存在着显著的正相关关系，相关系数分别为 0.417（$p<0.01$）、0.268（$p<0.01$）、0.261（$p<0.01$）、0.274（$p<0.01$）。

对于中介变量，知识获取与信息扩散、信息解释、组织记忆、能力水平存在着显著的正相关关系，相关系数分别为 0.573（$p<0.01$）、0.501（$p<0.01$）、0.378（$p<0.01$）、0.426（$p<0.01$）。信息扩散与信息解释、组织记忆、能力水平存在着显著的正相关关系，相关系数分别为 0.706（$p<0.01$）、0.655（$p<0.01$）、0.507（$p<0.01$）。信息解释与组织记忆、能力水平存在着显著的正相关关系，相关系数分别为 0.718（$p<0.01$）、0.466（$p<0.01$）。组织记忆与能力水平存在着显著的正相关关系，相关系数为 0.528（$p<0.01$）。对于因变量，业务范围与能力水平之间存在着显著的负相关关系，相关系数为 -0.196（$p<0.05$）。

以上相关分析的结果与本章所提假设基本一致，但是相关分析只是确定了变量之间的关联与共变趋势，变量之间的准确因果关系还需要后续的回归分析进一步进行检验。

表 5.14　研究变量的描述性统计及相关系数矩阵

变量	均值	标准差	公司规模	集权程度	所在产业	主导行为	知识获取	信息扩散	信息解释	组织记忆	业务范围	能力水平
公司规模	6.106	1.693	1									
集权程度	4.53	1.746	-0.066	1								
所在产业	0.39	0.489	0.185*	0.066	1							
主导行为	4.30	1.735	-0.026	-0.106	-0.069	1						
知识获取	5.298	1.122	0.075	0.029	0.048	0.417**	1					
信息扩散	5.260	1.185	0.008	0.182*	-0.087	0.268**	0.573**	1				
信息解释	5.048	1.153	-0.063	0.179	-0.074	0.261**	0.501**	0.706**	1			
组织记忆	5.264	1.209	0.038	0.200*	0.019	0.136	0.378**	0.655**	0.718**	1		
业务范围	5.51	1.455	0.215*	-0.151	0.053	0.274**	0.175	0.179	0.070	0.082	1	
能力水平	5.093	1.044	0.015	0.191*	-0.075	0.133	0.426**	0.507**	0.466**	0.528**	-0.196*	1

注：** 表示在 $p<0.01$ 的水平上显著相关（双尾检验）；* 表示在 $p<0.05$ 的水平上显著相关（双尾检验）。

5.3.2 回归分析结果与假设检验

为了检验可能存在的多重共线性问题，本书在进行线性回归分析时分别计算了各个模型的方差膨胀因子（VIF），结果显示本章各模型的方差膨胀系数（VIF）均低于2。按照标准，VIF值小于10，便表明模型的多重共线性并不严重。

表5.15列出了主导行为对子公司发展的回归分析结果。模型1和模型2是以业务范围为因变量的回归分析结果，其中模型1是控制变量模型，模型2是自变量模型，即在控制变量的基础上加入自变量的模型。模型3和模型4是以能力水平为因变量的回归分析结果，同样模型3是控制变量模型，模型4是自变量模型。在模型1中控制变量公司规模对子公司业务范围具有显著的正向影响（$\beta=0.201$，$p<0.05$），在加入自变量的模型2中公司规模对子公司业务范围同样具有显著的正向影响（$\beta=0.207$，$p<0.05$），表明子公司的规模越大，其业务范围越大。在模型2中，主导行为对子公司业务范围具有显著的正向影响（$\beta=0.270$，$p<0.01$），假设1成立。这表明子公司主导行为增加，子公司业务范围扩大。在模型3和模型4中控制变量集权程度对子公司能力水平具有显著的正向影响（$\beta=0.200$，$p<0.05$；$\beta=0.216$，$p<0.05$），表明跨国公司的集权程度越高，越有利于提升子公司的能力水平。在模型4中子公司主导行为对能力水平具有显著的正向影响（$\beta=0.152$，$p<0.10$），假设2成立。这表明子公司主导行为增加，子公司能力水平提高。

表5.15　　主导行为对子公司发展的回归分析结果

变量	模型1	模型2	模型3	模型4
	业务范围	业务范围	能力水平	能力水平
公司规模	0.201** (0.079)	0.207** (0.076)	0.046 (0.057)	0.049 (0.057)
集权程度	-0.139 (0.076)	-0.111 (0.073)	0.200** (0.055)	0.216** (0.055)
所在产业	0.025 (0.274)	0.040 (0.265)	-0.097 (0.198)	-0.088 (0.197)
主导行为		0.270*** (0.074)		0.152* (0.055)

续表

变量	模型 1	模型 2	模型 3	模型 4
	业务范围	业务范围	能力水平	能力水平
R^2	0.065	0.137	0.046	0.069
Adjusted R^2	0.041	0.107	0.021	0.036
R^2 change	0.065**	0.137***	0.046	0.069*
F-value	2.684**	4.536***	1.857	2.106*
N, df	119, 3	119, 4	119, 3	119, 4

注：回归模型采取的是强制进入法，表中列示的是标准化回归系数，* 表示 $p<0.10$、** 表示 $p<0.05$、*** 表示 $p<0.01$。

表 5.16 列出了主导行为对组织学习的回归分析结果。在模型 5 中，控制变量集权程度对组织学习具有显著的正向影响（$\beta=0.224$，$p<0.05$），表明跨国公司的集权程度有利于子公司的组织学习。主导行为对组织学习具有显著的正向影响（$\beta=0.339$，$p<0.01$），表明主导行为有利于子公司的组织学习，假设 3 成立。模型 6、模型 7、模型 8、模型 9 分别是主导行为对组织学习的四个维度知识获取、信息扩散、信息解释、组织记忆的回归分析模型。在控制变量方面，除了集权程度对知识获取的影响不显著外，集权程度对信息扩散（$\beta=0.221$，$p<0.05$）、信息解释（$\beta=0.211$，$p<0.01$）、组织记忆（$\beta=0.220$，$p<0.05$）都具有显著的正向影响，表明跨国公司的集权程度有利于子公司的信息扩散、信息解释和组织记忆。在自变量方面，主导行为对知识获取（$\beta=0.431$，$p<0.01$）、信息扩散（$\beta=0.286$，$p<0.01$）、信息解释（$\beta=0.278$，$p<0.01$）、组织记忆（$\beta=0.162$，$p<0.10$）均具有显著的正向影响，表明主导行为有利于子公司的知识获取、信息扩散、信息解释和组织记忆，假设 3a、假设 3b、假设 3c、假设 3d 成立。

表 5.16　主导行为对组织学习的回归分析结果

变量	模型 5	模型 6	模型 7	模型 8	模型 9
	组织学习	知识获取	信息扩散	信息解释	组织记忆
公司规模	0.043 (0.052)	0.081 (0.051)	0.047 (0.053)	-0.030 (0.053)	0.056 (0.055)

续表

变量	模型 5	模型 6	模型 7	模型 8	模型 9
	组织学习	知识获取	信息扩散	信息解释	组织记忆
集权程度	0.224 ** (0.050)	0.077 (0.049)	0.221 ** (0.051)	0.211 *** (0.051)	0.220 ** (0.052)
产业	-0.033 (0.181)	0.057 (0.176)	-0.090 (0.183)	-0.063 (0.184)	0.005 (0.189)
主导行为	0.339 *** (0.050)	0.431 *** (0.049)	0.286 *** (0.051)	0.278 *** (0.051)	0.162 * (0.053)
R^2	0.150	0.191	0.125	0.117	0.068
Adjusted R^2	0.120	0.162	0.094	0.086	0.035
R^2 change	0.150 ***	0.191 ***	0.125 ***	0.117 ***	0.068 *
F - value	5.022 ***	6.717 ***	4.077 ***	3.777 ***	2.085 *
N, d*f*	119, 4	119, 4	119, 4	119, 4	119, 4

注：回归模型采取的是强制进入法，表中列示的是标准化回归系数，* 表示 $p<0.10$、** 表示 $p<0.05$、*** 表示 $p<0.01$。

表 5.17 列出了组织学习对业务范围的回归分析结果。在模型 10 中，控制变量公司规模对业务范围具有显著的正向影响（$\beta=0.194$，$p<0.05$），表明子公司规模有利于其业务范围的扩大。控制变量集权程度对业务范围具有显著的负向影响（$\beta=-0.173$，$p<0.10$），表明跨国公司的集权程度不利于子公司业务范围的扩大。自变量组织学习对业务范围具有显著的正向影响（$\beta=0.179$，$p<0.10$），表明组织学习有利于子公司业务范围的扩大，假设 4 成立。

表 5.17　组织学习对业务范围的回归分析结果

变量	模型 10	模型 11	模型 12	模型 13	模型 14
	业务范围	业务范围	业务范围	业务范围	业务范围
公司规模	0.194 ** (0.078)	0.189 ** (0.078)	0.192 ** (0.078)	0.205 ** (0.079)	0.195 ** (0.079)
集权程度	-0.173 * (0.076)	-0.145 (0.075)	-0.180 ** (0.075)	-0.160 * (0.077)	-0.161 * (0.077)

续表

变量	模型10	模型11	模型12	模型13	模型14
	业务范围	业务范围	业务范围	业务范围	业务范围
产业	0.034 (0.271)	0.019 (0.271)	0.048 (0.270)	0.034 (0.274)	0.025 (0.273)
组织学习	0.179* (0.132)				
知识获取		0.164* (0.130)			
信息扩散			0.214** (0.132)		
信息解释				0.114 (0.134)	
组织记忆					0.106 (0.134)
R^2	0.096	0.092	0.109	0.078	0.076
Adjusted R^2	0.065	0.060	0.078	0.045	0.044
R^2 change	0.096**	0.092**	0.109**	0.078*	0.076*
F - value	3.036**	2.894**	3.495**	2.405*	2.352*
N, df	119, 4	119, 4	119, 4	119, 4	119, 4

注：回归模型采取的是强制进入法，表中列示的是标准化回归系数，*表示 $p<0.10$、**表示 $p<0.05$、***表示 $p<0.01$。

模型11、模型12、模型13、模型14分别是知识获取、信息扩散、信息解释、组织记忆对业务范围的回归分析模型。在这些模型中控制变量公司规模对业务范围都具有显著的正向影响（$\beta=0.189$，$p<0.05$；$\beta=0.192$，$p<0.05$；$\beta=0.205$，$p<0.05$；$\beta=0.195$，$p<0.05$），除模型11外控制变量集权程度对业务范围都具有显著的负向影响（$\beta=-0.180$，$p<0.05$；$\beta=-0.160$，$p<0.10$；$\beta=-0.161$，$p<0.10$）。自变量知识获取对子公司业务范围具有显著的正向影响（$\beta=0.164$，$p<0.10$），信息扩散对子公司业务范围具有显著的正向影响（$\beta=0.214$，$p<0.05$），表明知识获取和信息扩散都有利于子公司业务范围的扩大，假设4a和假设4b成立。而信息解释和组织

记忆对子公司业务范围的影响是不显著的，假设 4c 和假设 4d 不成立。

表 5.18 列出了组织学习对能力水平的回归分析结果。模型 15 是组织学习对能力水平的回归分析模型。模型 16 至模型 19 分别是知识获取、信息扩散、信息解释、组织记忆对能力水平的回归分析模型。在模型 16 中，控制变量集权程度对能力水平具有显著的正向影响（$\beta=0.187$，$p<0.05$），表明跨国公司的集权程度有利于子公司能力水平的提高。从这五个模型看，组织学习、知识获取、信息扩散、信息解释、组织记忆都对子公司能力水平具有显著的正向影响，回归系数分别是（$\beta=0.558$，$p<0.01$）、（$\beta=0.424$，$p<0.01$）、（$\beta=0.483$，$p<0.01$）、（$\beta=0.444$，$p<0.01$）、（$\beta=0.509$，$p<0.01$），表明组织学习及组织学习的四个维度知识获取、信息扩散、信息解释、组织记忆都有利于子公司能力水平的提高，假设 5、假设 5a、假设 5b、假设 5c、假设 5d 全部成立。

表 5.18　组织学习对能力水平的回归分析结果

变量	模型 15	模型 16	模型 17	模型 18	模型 19
	能力水平	能力水平	能力水平	能力水平	能力水平
公司规模	0.026 0.048	0.016 (0.052)	0.026 (0.050)	0.062 (0.052)	0.019 (0.050)
集权程度	0.095 (0.046)	0.187** (0.050)	0.108 (0.049)	0.119 (0.050)	0.097 (0.048)
产业	-0.068 (0.165)	-0.111 (0.180)	-0.045 (0.175)	-0.062 (0.179)	-0.095 (0.171)
组织学习	0.558*** (0.081)				
知识获取		0.424*** (0.086)			
信息扩散			0.483*** (0.085)		
信息解释				0.444*** (0.087)	
组织记忆					0.509*** (0.084)

续表

变量	模型 15	模型 16	模型 17	模型 18	模型 19
	能力水平	能力水平	能力水平	能力水平	能力水平
R^2	0.346	0.225	0.270	0.235	0.295
Adjusted R^2	0.323	0.198	0.244	0.208	0.270
R^2 change	0.346***	0.225***	0.270***	0.235***	0.295***
F - value	15.091***	8.271***	10.518***	8.761***	11.907***
N, df	119, 4	119, 4	119, 4	119, 4	119, 4

注：回归模型采取的是强制进入法，表中列示的是标准化回归系数，* 表示 $p<0.10$、** 表示 $p<0.05$、*** 表示 $p<0.01$。

表 5.19 列出了组织学习在主导行为与业务范围之间中介作用的回归分析结果。模型 20 是同时加入自变量主导行为和中介变量组织学习的回归分析模型，模型 21 是同时加入自变量主导行为和中介变量知识获取的回归分析模型，模型 22 是同时加入自变量主导行为和中介变量信息扩散的回归分析模型，模型 23 是同时加入自变量主导行为和中介变量信息解释的回归分析模型，模型 24 是同时加入自变量主导行为和中介变量组织记忆的回归分析模型。从这些模型看，加入中介变量后，自变量主导行为的作用依然显著，而中介变量不显著，表明组织学习及其四个维度知识获取、信息扩散、信息解释和组织记忆的中介效应并不存在，假设 6、假设 6a、假设 6b、假设 6c、假设 6d 均不成立。

表 5.19 组织学习在主导行为与业务范围之间中介效应的回归分析结果

变量	模型 20	模型 21	模型 22	模型 23	模型 24
	业务范围	业务范围	业务范围	业务范围	业务范围
公司规模	0.203** (0.076)	0.202** (0.077)	0.200** (0.076)	0.208** (0.077)	0.203** (0.077)
集权程度	-0.133 (0.075)	-0.116 (0.074)	-0.144 (0.075)	-0.120 (0.075)	-0.125 (0.075)

续表

变量	模型 20	模型 21	模型 22	模型 23	模型 24
	业务范围	业务范围	业务范围	业务范围	业务范围
产业	0.044 (0.265)	0.037 (0.266)	0.054 (0.264)	0.043 (0.266)	0.040 (0.265)
主导行为	0.237 ** (0.078)	0.245 ** (0.082)	0.228 ** (0.076)	0.259 *** (0.077)	0.260 *** (0.075)
组织学习	0.097 (0.137)				
知识获取		0.060 (0.141)			
信息扩散			0.147 (0.134)		
信息解释				0.040 (0.135)	
组织记忆					0.063 (0.131)
R^2	0.145	0.140	0.156	0.139	0.141
Adjusted R^2	0.107	0.102	0.119	0.101	0.103
R^2 change	0.145 ***	0.140 ***	0.156 ***	0.139 ***	0.141 ***
F - value	3.840 ***	3.685 ***	4.182 ***	3.639 ***	3.710 ***
N, d*f*	119, 5	119, 5	119, 5	119, 5	119, 5

注：回归模型采取的是强制进入法，表中列示的是标准化回归系数，* 表示 $p<0.10$、** 表示 $p<0.05$、*** 表示 $p<0.01$。

表 5.20 列出了组织学习在主导行为与能力水平之间中介作用的回归分析结果。模型 25 是同时加入自变量主导行为和中介变量组织学习的回归分析模型，模型中自变量主导行为的回归系数由显著变为不显著，而中介变量组织学习的回归系数是显著的（$\beta=0.573$，$p<0.01$），表明组织学习在主导行为与子公司能力水平之间发挥完全中介作用，假设 7 成立。模型 26 是同时加入

自变量主导行为和中介变量知识获取的回归分析模型，模型中自变量主导行为的回归系数由显著变为不显著，中介变量知识获取的回归系数是显著的（$\beta=0.441$，$p<0.01$），表明知识获取在主导行为与子公司能力水平之间发挥完全中介作用，假设 7a 成立。模型 27 是同时加入自变量主导行为和中介变量信息扩散的回归分析模型，模型中自变量主导行为的回归系数由显著变为不显著，中介变量信息扩散的回归系数是显著的（$\beta=0.479$，$p<0.01$），表明信息扩散在主导行为与子公司能力水平之间发挥完全中介作用，假设 7b 成立。模型 28 是同时加入自变量主导行为和中介变量信息解释的回归分析模型，模型中自变量主导行为的回归系数由显著变为不显著，中介变量信息解释的回归系数是显著的（$\beta=0.435$，$p<0.01$），表明信息揭示在主导行为与子公司能力水平之间发挥完全中介作用，假设 7c 成立。模型 29 是同时加入自变量子公司主导行为和中介变量组织记忆的回归分析模型，模型中自变量主导行为的回归系数由显著变为不显著，中介变量组织记忆的回归系数是显著的（$\beta=0.498$，$p<0.01$），表明组织记忆在主导行为与子公司能力水平之间发挥完全中介作用，假设 7d 成立。

表 5.20　组织学习在主导行为与能力水平之间中介效应的回归分析结果

变量	模型 25	模型 26	模型 27	模型 28	模型 29
	能力水平	能力水平	能力水平	能力水平	能力水平
公司规模	0.025 (0.048)	0.014 (0.052)	0.027 (0.051)	0.062 (0.052)	0.022 (0.050)
集权程度	0.088 (0.047)	0.182** (0.050)	0.110 (0.050)	0.124 (0.051)	0.106 (0.049)
产业	-0.070 (0.166)	-0.114 (0.181)	-0.045 (0.176)	-0.061 (0.180)	-0.091 (0.172)
主导行为	-0.043 (0.049)	-0.039 (0.056)	0.014 (0.051)	0.030 (0.052)	0.071 (0.048)
组织学习	0.573*** (0.086)				

续表

变量	模型 25	模型 26	模型 27	模型 28	模型 29
	能力水平	能力水平	能力水平	能力水平	能力水平
知识获取		0.441 *** (0.096)			
信息扩散			0.479 *** (0.090)		
信息解释				0.435 *** (0.091)	
组织记忆					0.498 *** (0.085)
R^2	0.348	0.226	0.270	0.236	0.300
Adjusted R^2	0.319	0.192	0.237	0.202	0.269
R^2 change	0.348 ***	0.226 ***	0.270 ***	0.236 ***	0.300 ***
F - value	12.051 ***	6.604 ***	8.349 ***	6.980 ***	9.663 ***
N，df	119，5	119，5	119，5	119，5	119，5

注：回归模型采取的是强制进入法，表中列示的是标准化回归系数，* 表示 $p<0.10$、** 表示 $p<0.05$、*** 表示 $p<0.01$。

综上所述，本章研究假设的检验情况如表 5.21 所示。

表 5.21　　本章研究假设的检验情况

假设	内容	结论
假设 1	子公司主导行为与业务范围正相关	成立
假设 2	子公司主导行为与能力水平正相关	成立
假设 3	主导行为与组织学习正相关	成立
假设 3a	主导行为与知识获取正相关	成立
假设 3b	主导行为与信息扩散正相关	成立
假设 3c	主导行为与信息解释正相关	成立
假设 3d	主导行为与组织记忆正相关	成立

续表

假设	内容	结论
假设 4	组织学习与业务范围正相关	成立
假设 4a	知识获取与业务范围正相关	成立
假设 4b	信息扩散与业务范围正相关	成立
假设 4c	信息解释与业务范围正相关	不成立
假设 4d	组织记忆与业务范围正相关	不成立
假设 5	组织学习与能力水平正相关	成立
假设 5a	知识获取与能力水平正相关	成立
假设 5b	信息扩散与能力水平正相关	成立
假设 5c	信息解释与能力水平正相关	成立
假设 5d	组织记忆与能力水平正相关	成立
假设 6	组织学习在主导行为与业务范围之间发挥中介作用	不成立
假设 6a	知识获取在主导行为与业务范围之间发挥中介作用	不成立
假设 6b	信息扩散在主导行为与业务范围之间发挥中介作用	不成立
假设 6c	信息解释在主导行为与业务范围之间发挥中介作用	不成立
假设 6d	组织记忆在主导行为与业务范围之间发挥中介作用	不成立
假设 7	组织学习在主导行为与能力水平之间发挥中介作用	成立
假设 7a	知识获取在主导行为与能力水平之间发挥中介作用	成立
假设 7b	信息扩散在主导行为与能力水平之间发挥中介作用	成立
假设 7c	信息解释在主导行为与能力水平之间发挥中介作用	成立
假设 7d	组织记忆在主导行为与能力水平之间发挥中介作用	成立

5.3.3 讨论与启示

5.3.3.1 讨论

假设 1 预期子公司主导行为与业务范围正相关，实证结果表明该假设成立。一方面，子公司实施主导行为可以识别跨国公司内部机会，竞争新投资，投标新业务，改善跨国公司内部的运营效率。另一方面，子公司实施主导行为也可以识别东道国机会，推出新产品，提供新服务，增加新业务，满足未被满足的需求。这与波金绍和弗赖伊（Birkinshaw and Fry，1998），德莱尼（Delany，2000）以及萨金特和马修斯（Sargent and Matthews，2006）的研究结果一致。子公司主动积极地、慎重地寻求一个新的商业机会，以促使扩展其业务领域，提升子公司地位，并能够因此承担更大的且与公司战略目标一致的国际责任。

假设 2 预期子公司主导行为与能力水平正相关，实证结果表明该假设成立。蒂斯（Teece，2007）提出动态能力由机会感知能力、机会把握能力和资源重构能力组成。机会感知能力是在不断变化的市场和技术变革中感知和识别机会的能力。机会把握能力是为抓住机遇，对企业的结构、程序和激励进行选择的能力。资源重构能力是对企业有形和无形的资源资产持续重组的能力。子公司开展主导行为实际上就是识别机会，变革组织战略、组织结构，改变组织惯例，重新配置组织资源以开发机会的过程。这个过程与动态能力的三个维度相对应，因此子公司开展主导行为能够提高其能力水平。

假设 3 预期主导行为与组织学习正相关，假设 3a、假设 3b、假设 3c、假设 3d 预期主导行为分别与知识获取、信息扩散、信息解释、组织记忆正相关，实证结果表明这些假设都成立。这与载尔摩 - 布拉恩和吉普森（Zellmer - Bruhn and Gibson，2006）的研究一致。子公司开展主导行为是识别和利用创业机会的过程，这一过程正是子公司获取知识，在组织内传播知识，形成对知识的一致理解，最后在组织中存储知识以便利用的过程。子公司开展主导行为促进了组织利用经验进行学习，通过观察他人进行学习，通过自身实践进行学习的意愿和过程。

假设 4 预期组织学习与业务范围正相关，假设 4a、假设 4b、假设 4c、假设 4d 分别预期知识获取、信息扩散、信息解释、组织记忆与业务范围正相关。实证结果表明假设 4、假设 4a、假设 4b 成立，假设 4c、假设 4d 不成立。组织学习对业务范围的影响体现在两个方面：第一，组织学习促进了子公司的机会识别，有助于子公司识别新机会，开展新业务，扩大业务范围；第二，组织学习为子公司开展新业务，承担新职能提供了知识基础和支撑，因为知识是组织从事任何一项活动的基础。假设 4a 和假设 4b 成立，而假设 4c 和假设 4d 不成立的可能的原因是：子公司对已有知识的理解和存储在扩大其业务范围方面作用不大，而不断获取新知识并在子公司内传播才能有效拓展子公司业务范围。

假设 5 预期组织学习与能力水平正相关，假设 5a、假设 5b、假设 5c、假设 5d 分别预期知识获取、信息扩散、信息解释、组织记忆与能力水平正相关，实证结果表明这些假设都成立。组织学习过程（知识获取、信息扩散、信息解释、组织记忆）对子公司能力的作用体现在：第一，组织学习过程能够促进子公司创新，提高创新能力和创新绩效（吴楠、赵嵩正和张小娣，2015）；第二，组织学习过程能够使子公司及时处理内外部环境的信息，快速适应内外部环境的变化，并迅速地作出反映；第三，组织学习过程加强了对实践过程的全面理解，调整了经验的节奏，促进了经验积累、知识表达、知识编码，能够影响子公司能力演化（Eisenhardt and Martin，2000；Zollo and Winter，2002）。

假设 6 预期组织学习在主导行为与业务范围之间发挥中介作用，假设 6a、假设 6b、假设 6c、假设 6d 分别预期知识获取、信息扩散、信息解释、组织记忆在主导行为与业务范围之间发挥中介作用，实证结果表明这些假设不成立。可能的原因有三点：一是子公司主导行为直接影响子公司业务范围，并不需要组织学习的中介作用。德莱尼（Delany，2000）认为子公司主导行为的特征是“开发领域”（domain developing）因为子公司超出了现在的委任。二是子公司实施主导行为扩大子公司业务范围的过程中虽然促进了组织学习，但是并不需要严格的知识传播和加工过程或者是其他的组织学习过程在起作用，而本书的组织学习侧重于从信息扩散与加工方面的测度。三是子公司主导行为影响子公司业务范围扩大，是其他中介变量在起作用，并不是组织学习。

假设 7 预期组织学习在主导行为与能力水平之间发挥中介作用，假设 7a、假设 7b、假设 7c、假设 7d 分别预期知识获取、信息扩散、信息解释、组织记忆在主导行为与能力水平之间发挥中介作用，实证结果表明这些假设全部成立。一方面，子公司实施主导行为触发了组织学习过程实现了知识获取、知识创造和知识整合。知识获取是组织从外部获取知识，知识创造是组织通过内部活动促进知识增长，知识整合对内部和外部两方面知识的整合运用。内部知识整合是对组织业务流程作根本性的思考和彻底重建，外部知识整合是对合作网络的塑造与改造。知识获取、知识创造和知识整合构成了组织动态能力的三个维度（谢慧娟和王国顺，2012），实现了子公司能力的提升。另一方面，子公司实施主导行为促进子公司不断重复、实践组织学习过程，在这一过程中实现了子公司不断提升知识的创造和吸收能力、知识的整合能力以及知识的重新配置能力。这些能力正是组织动态能力的内在基础（Verona and Ravasi，2003）。

5.3.3.2 启示

本章构建了主导行为—组织学习—子公司发展之间的理论模型，并通过跨国公司在华子公司的大样本数据进行实证研究，得出了一些非常有价值的发现，这些发现具有重要的理论和实践启示。

理论和实践启示体现在：第一，子公司主导行为能够促进子公司发展。主导行为既能促进子公司扩大业务范围，也能促进子公司提高能力水平。对于子公司管理者来说，要想促进子公司发展，应该积极开展主导行为。第二，子公司主导行为能够促进组织学习。子公司开展主导行为激发子公司组织学习，组织学习按照知识获取、信息扩散、信息解释、组织记忆的过程展开。第三，组织学习能够促进子公司发展。组织学习是子公司获取知识、吸收知识和应用知识的过程，在这一过程中促进子公司业务范围扩大，能力水平提高，因此有利于子公司发展。第四，组织学习不在主导行为与业务范围之间发挥中介作用，而在主导行为与能力水平之间发挥完全中介作用。这表明子公司开展主导行为扩大子公司业务范围的过程可以不需要组织学习的介入与参与，但是子公司开展主导行为提高子公司能力水平的过程则必须通过组织学习发挥作用。

本章建立了主导行为与子公司发展之间、子公司主导行为与组织学习之间、组织学习与子公司发展之间的理论联系，并深刻揭示了主导行为通过组织学习影响子公司发展的内在作用机制，有助于深化子公司创业理论和子公司发展理论的研究。

第 6 章 嵌入性、组织学习与子公司发展

根据本书所构建的理论模型，本章主要考察网络嵌入、组织学习与子公司发展之间的内在关系，图 6.1 展示了本章的研究内容。由于第 4 章已经验证了网络嵌入对子公司发展的影响，第 5 章已经验证了组织学习对子公司发展的影响，因此本章主要是根据相关理论分析网络嵌入对组织学习的影响以及组织学习在网络嵌入与子公司发展之间的中介机制，包括组织学习的四个过程维度：知识获取、信息扩散、信息解释、组织记忆。本章首先构建变量之间因果关系和作用机制的理论假设；然后阐述所涉及主要变量的测量手段，并对数据进行统计分析；随后对数据分析结果进行解释与讨论；最后概括研究的主要发现及其启示。

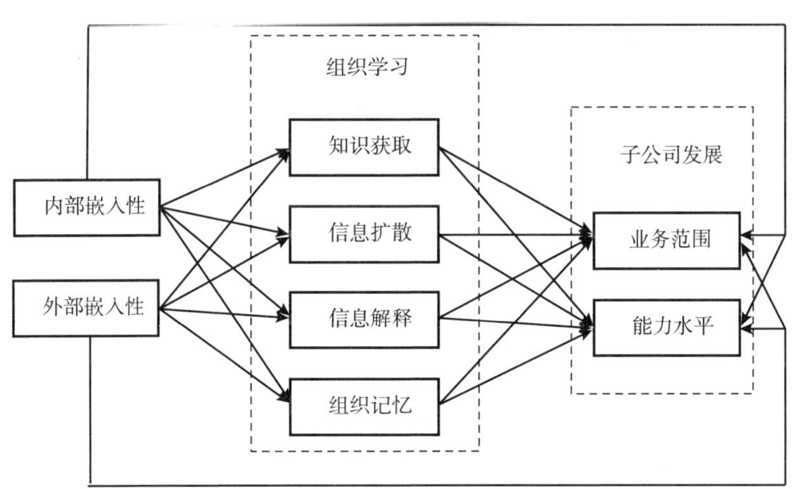

图 6.1　网络嵌入、组织学习与子公司发展的关系模型

6.1 理论推导与假设构建

6.1.1 嵌入性与组织学习

跨国公司的内部网络以及不同业务单位之间的联系是子公司组织学习过程的重要部分，它促进了组织单位发现新机会，通过相互作用获得新知识。单位之间联系的重要性在战略的文献中得到证明（Tsai，2001）。例如，关于多样化的研究强调在跨国公司的战略业务单位（SBUs）之间通过知识转移和资源共享追求协同效应（Rumelt，1974）。资源共享而获得的协同利益的潜力在不同的战略情境下存在差异，这些潜在协同效应的实现取决于战略单位之间的联系被有效管理的程度（Gupta and Govindarajan，1986）。组织资源基础观的研究表明社会网络促进了组织内新知识的创造（Kogut and Zander，1992；Tsai，2000）。通过单位间网络联系的发展促进了组织学习。正如休伯（Huber，1991）所指出的那样，学习型组织的特征是受到激励的单位彼此紧密联系在一起。通过把不同的单位联系起来，网络安排提供了灵活的学习结构，替代了旧的层级结构。

在跨国公司中，不同的单位在它们之间建立联系，以便交换资源和转移知识。通过这些联系，组织单位能够接触其他单位的知识，并向彼此学习。组织内或不同单位之间的资源交易是对市场交易的有吸引力的另外选择，因为组织的不同单位通常享有相似的价值观和共同的公司语言，能够促进交易过程的沟通（Tsai，2000）。很多研究表明组织内联系能够促进组织实现范围经济，并对组织竞争优势具有重要影响（Hill and Hoskisson，1987；Gupta and Govindarajan，1991）。而且，通过已存在资源或知识的新应用，组织内联系可以使单个单位为组织创造价值（Tsai，1998）。

蔡（Tsai，2000）在组织内联系的研究中认为嵌入性通过其结构的维度和关系的维度促进了组织内新联系的创造。在结构维度方面，部门间网络中处于中心位置的组织单位由于它的位置优势具有接触关键资源的特权。这样的中心单位能够运用已存在的联系快速地接触其他单位。而且，这样的单位是其他单位高度可见的、主要的信息渠道，能够处理复杂的单位间关系，因此成为其他单位有吸引力的合作伙伴。在关系维度方面，行为者的信任向其他交易方表明其愿意放弃通过机会主义行为而获得的短期利益（Chiles and McMackin，1996）。信任不仅限制了机会主义行为，而且降低了发现交易伙伴的成本。在跨国公司中，信任更加重要，信任能够实现跨国公司差异化网络结构的全球整合，信任允许异质资源和精练信息的转移，影响单位之间战略联系的模式。组织单位可信赖的名声主要由在单位间交易中其他单位对该单位诚实性和可靠性的感知和评价决定。可信赖的名声是影响单位选择交易伙伴的重要因素，因为单位更愿意与它感到信任的单位交换资源。换句话说，可信任的单位是一个有吸引力的交易伙伴，其他单位更愿意与这样的单位建立新的联系。能够创建新的单位间联系的组织单位更能接触嵌入到其他单位的新的资源或知识。简单地保持已存在关系的稳定模式不能满足不断增加的竞争和不断变化的技术的需要。与新的伙伴合作并创造新的关系对于获取新的知识和技术是必要的。

德哈纳拉等（Dhanaraj et al.，2004）认为只建立在契约或局部所有权的关系对于有效知识转移的发生是不充分的。学习经常需要非正式的给予（give and take）。尽管法律合同规定了交易伙伴在这些关系中承诺的边界，社会嵌入关系能够超越这些合同。关系嵌入产生了共同的一致性，促进了知识的自由交换，从而克服了障碍，促进了学习，并降低了获取知识的成本（Dyer and Nobeoka，2000）。实施共同的系统帮助建立共享的沟通协议，促进了信息转移。关系嵌入性在跨国公司母子公司之间知识转移中起到三个关键作用：澄清、控制和激励。在澄清作用中，关系嵌入允许在需要的时候进行适当的解释和"填补空白"。高度嵌入关系允许反馈机制，保证程序能够被适当解释，知识能够准确转移。子公司和母公司之间的相互作用为母公司保证子公司遵从母公司更广泛的任务提供了途径。最后，嵌入关系创造了规范和文化，规范和文化成为促进子公司适当行为的有力机制。他们通过实证研究进一步得出结论：在国际合资企业中，关系嵌入有利于隐性知识的转移（Dhanaraj et al.，2004）。在跨国公司中，学习包括不同组织单位之间的知识转移，组织单位之间的知识转移提供了共同学习的机会。这种知识转移发生在不同单位彼此联系的共享的社会情境中（Tsai，2001）。

内部嵌入对组织学习过程（知识获取、信息扩散、信息解释、组织记忆）具有正向的促进作用，主要体现在：第一，子公司所嵌入的内部网络是子公司获取知识的重要渠道。相互作用和网络联系有助于知识获取（Yli-renko et al.，2001）；第二，嵌入性在内部网络成员之间形成了信任机制（阮爱君、卢立伟和方佳音，2014），被信任的知识更容易在子公司内传播，因此促进了信息扩散；第三，嵌入性促进了内部网络成员之间的相互作用。相互作用提供了更有效的沟通方式，促进了交换信息的强度、频率和宽度（阮爱君、卢立伟和方佳音，2014），因而促进了信息解释；第四，嵌入性包括共同解决问题机制（Uzzi，1997）。共同解决问题是子公司宝贵的经历，促使知识存储在子公司的组织记忆之中。

基于以上分析，本书提出如下假设：

假设1：内部嵌入性与组织学习正相关。

假设1a：内部嵌入性与知识获取正相关。

假设1b：内部嵌入性与信息扩散正相关。

假设1c：内部嵌入性与信息解释正相关。

假设1d：内部嵌入性与组织记忆正相关。

大量的学者注意到组织可以通过与组织的合作而学习，认为组织间学习是竞争优势的关键（Levinson and Asahi，1996）。组织间网络的研究表明公司的网络关系是学习的重要来源（Powell，Koput and Smith - Doerr，1996）。由于网络联系是信息流动的通道，与当地顾客、供应商和研究机构的联系使子公司暴露于网络和当地市场的新信息、新知识，因此促进了子公司的组织学习。

交易伙伴通过知识共享产生竞争优势的能力取决于鼓励交易伙伴彼此真诚，并转移知识的动机，而不是对从伙伴获得的知识搭便车的动机（Dyer and Singh，1998）。尤其是转移的公司必须有动机贡献转移知识所需要的资源，因为与接受公司发生的成本相比，输出公司在转移过程中会发生更高的成本（Szulanski，1996）。因此，用来管理网络关系的机制必须创造知识共享的动机。子公司的外部嵌入性促进了子公司与网络成员之间信任、互惠、义务和预期等规范机制的形成，提高了交易各方共享和转移知识的动机，从而促进了子公司的组织学习。

外部嵌入能够促进子公司的知识获取。公司间知识共享惯例依赖于知识接受方的吸收能力。伙伴特定的吸收能力是指公司发展了识别和吸收特定伙伴知识的能力。这种能力承担了组织间过程的实施，从而允许合作的公司能够系统地识别有价值的诀窍，然后跨越组织边界进行转移。伙伴特定的吸收能力是如下两方面的函数：一方面，交易各方发展共同的知识基础的程度；另一方面，交易各方发展相互作用惯例最大化社会技术相互作用的频率和强度的程度（Dyer and Singh，1998）。莱恩和路伯特金（Lane and Lubatkin，1998）在对双元层次的建构——相对吸收能力与组织间学习的分析中，也指出一个公司向另一个公司学习的能力取决于两个公司在知识基础、组织结构和薪酬政策以及主导逻辑方面的相似性。子公司的外部网络嵌入性随着交易伙伴更加适应经济交易中彼此的能力和可靠性而增加了子公司与外部网络成员的相互作用（Yli – Renko et al.，2001），通过与东道国顾客、供应商等的广泛信息交流和共享增加了子公司与东道国当地公司在知识基础、组织结构、薪酬政策、主导逻辑等方面的一致性，促进了组织吸收能力的提高和组织间学习。另外，子公司与外部网络成员的互动促进了彼此之间的相互了解，使子公司知道谁知道什么，关键的专业知识存在于公司的什么地方，进一步促进了知识的共享和组织间学习。

外部嵌入能够促进子公司信息扩散。当组织外部资源来源无虑的情况下，将越能够专心于吸收学习新的知识并能够调适新的知识内化为自己的知识，此外更有能力将其分享给组织其他成员，形成一个有效传递知识、应用知识的组织。

外部嵌入能够促进子公司信息解释。子公司在环境中识别新知识的可能性以及它吸收知识的能力取决于与不同业务伙伴双元关系的紧密性（Lane and Lubatkin，1998）。研究表明与产品和服务交易相关的紧密联系提高了识别开发新产品和过程的新需要和预期结果的可能性。而且更加复杂的知识通过嵌入关系比通过正常交易关系能够更好地被理解和重视。由于知识是情境依赖的，产品和过程的开发取决于增加的、共同的感知和解决问题（Andersson et al.，2005）。

外部嵌入能够促进子公司组织记忆。安德森等（Andersson et al.，2005）指出跨国公司在当地市场与顾客、供应商、竞争者等的关系可以作为知识的重要来源。子公司的业务关系集创造了子公司改善其知识存量的机会。彼此紧密联系的行为者处于交换信息的更优越的位置，更容易向彼此学习（Hasen，1999；Lane and Lubatkin，1998）。

基于以上分析，本书提出如下假设：

假设 2：外部嵌入性与组织学习正相关。

假设 2a：外部嵌入性与知识获取正相关。

假设 2b：外部嵌入性与信息扩散正相关。

假设 2c：外部嵌入性与信息解释正相关。

假设 2d：外部嵌入性与组织记忆正相关。

6.1.2　组织学习在嵌入性与子公司发展之间的中介作用

由第 4 章的研究结论可知，内部嵌入性与业务范围不存在着显著的正相关关系，外部嵌入性与能力水平之间也不存在着显著的正相关关系。根据中介机制的原理，内部嵌入性与业务范围之间以及外部嵌入性与能力水平之间不存在着中介变量，因此在这里重点分析外部嵌入性—组织学习—业务范围之间的中介机制和内部嵌入性—组织学习—能力水平的中介机制。

外部嵌入表现为子公司与东道国企业之间的联系，包括行业内企业的联系和行业外企业的联系。行业内部联系有利于对产业规范和诀窍的一致性的理解，对利用式学习有利，行业外部联系有利于获得大量的新信息和新创意，对探索式学习有利（谢慧娟，2013）。外部嵌入包括子公司对东道国网络和环境的适应，而适应的过程是子公司获取知识、理解知识、应用知识的过程，是子公司不断重复组织学习过程改变自身行为的过程。

组织学习过程为子公司提供了：第一，多样化的信息，扩展了子公司创新性想法的搜寻领域；第二，多元化的机会，组合潜在有用的知识满足当地的需求；第三，独特性的信息，涉及问题、解决方案、技术或专长。组织学习的效应增加了子公司潜在行为的范围，包括引入新的产品，扩大职能领域（Pu and Pek，2018）。

基于以上分析，本书提出如下假设：

假设 3：组织学习在外部嵌入性与业务范围之间发挥中介作用。

假设 3a：知识获取在外部嵌入性与业务范围之间发挥中介作用。

假设 3b：信息扩散在外部嵌入性与业务范围之间发挥中介作用。

假设 3c：信息解释在外部嵌入性与业务范围之间发挥中介作用。

假设 3d：组织记忆在外部嵌入性与业务范围之间发挥中介作用。

内部嵌入为子公司提供了对知识的接触。在这样的背景下，子公司必须学会管理多样化的知识来源，学会评价和吸收知识，这就需要动用组织学习过程。组织是以现有的知识基础（即组织记忆）评价新知识，在认为新知识有价值后获取知识、促进知识在组织内传播，达成对知识的一致理解，存储在组织当中形成组织记忆。组织能力主要在于新知识复制或整合的组织学习过程（Kogut and Zander，1996）。组织学习过程指导了组织能力的演化（Zollo and Winter，2002）。

内部嵌入不仅在跨国公司内部网络中形成了信任、规范、义务、预期、认同等机制促进子公司组织学习，还形成了共同的语言和共同的愿景。共同的语言促进了子公司与内部网络成员知识和信息接近、转移和摄取，共同的愿景增加了内部网络成员对知识共享的承诺，从而促进组织学习。组织学习的过程一方面将组织已经拥有的知识储存在组织惯例中，形成组织现有的能力；另一方面将新的知识逐渐转化成新的组织惯例，发展成新的组织能力（唐春晖，2003）。

基于以上分析，本书提出如下假设：

假设 4：组织学习在内部嵌入性与能力水平之间发挥中介作用。

假设 4a：知识获取在内部嵌入性与能力水平之间发挥中介作用。

假设 4b：信息扩散在内部嵌入性与能力水平之间发挥中介作用。

假设 4c：信息解释在内部嵌入性与能力水平之间发挥中介作用。

假设 4d：组织记忆在内部嵌入性与能力水平之间发挥中介作用。

6.2 变量测量

本章所涉及的变量内部嵌入、外部嵌入、业务范围、能力水平的测度在

第 4 章中进行了详尽的论述，组织学习的测度在第 5 章中进行了详细的阐述，控制变量依然采用与第 4 章、第 5 章一样的变量和变量测度方法，在此不再赘述。

6.3 结果与讨论

6.3.1 描述性统计与相关分析结果

在进行回归分析之前，本书首先对变量进行描述性统计与相关分析。通过描述性统计了解变量的基本特征，通过相关分析初步判断变量之间的关系以及假设是否合理。表 6.1 显示了本章研究变量各自的均值、标准差，以及变量之间的 Pearson 相关系数。

本章的研究变量依然包括控制变量、自变量、中介变量、因变量。对于控制变量而言，子公司规模与所在产业、业务范围存在着显著的正相关关系，相关系数分别为 0.185（$p<0.05$）、0.215（$p<0.05$）。集权程度与内部嵌入、信息扩散、组织记忆、能力水平存在着显著的正相关关系，相关系数分别为 0.320（$p<0.01$）、0.182（$p<0.05$）、0.200（$p<0.05$）、0.191（$p<0.05$）。对于自变量而言，内部嵌入与知识获取、信息扩散、信息解释、组织记忆、能力水平存在着显著的正相关关系，相关系数分别为 0.313（$p<0.01$）、0.439（$p<0.01$）、0.312（$p<0.01$）、0.287（$p<0.01$）、0.306（$p<0.01$）。外部嵌入与知识获取、业务范围存在着显著的正相关关系，相关系数分别为 0.199（$p<0.05$）、0.288（$p<0.01$）。

关于中介变量以及因变量的相关分析结果与第 5 章的结果一致，在此不再赘述。需要指出的是，相关分析只是粗略得到了两个变量的关联程度或者说共变异程度，只检验变量间关系的强度，但没涉及变量间具体影响关系或者路径的检验，通常只被视为是一种描述性的分析。回归分析可以同时用于检验变量间关系的强度和方向。而且回归分析还有个好处是但凡进入回归方程的变量，就可以视为是对该变量的效应有所控制，所以回归分析得到的

表 6.1　　研究变量的描述性统计和相关系数矩阵

变量	均值	标准差	公司规模	集权程度	所在产业	内部嵌入	外部嵌入	知识获取	信息扩散	信息解释	组织记忆	业务范围	能力水平
公司规模	6.106	1.693	1										
集权程度	4.53	1.746	-0.066	1									
所在产业	0.39	0.489	0.185*	0.066	1								
内部嵌入	4.841	1.421	0.036	0.320**	-0.043	1							
外部嵌入	4.563	1.360	0.005	-0.060	0.022	0.000	1						
知识获取	5.298	1.122	0.075	0.029	0.048	0.313**	0.199*	1					
信息扩散	5.260	1.185	0.008	0.182*	-0.087	0.439**	0.154	0.573**	1				
信息解释	5.048	1.153	-0.063	0.179	-0.074	0.312**	0.159	0.501**	0.706**	1			
组织记忆	5.264	1.209	0.038	0.200*	0.019	0.287**	0.060	0.378**	0.655**	0.718**	1		
业务范围	5.51	1.455	0.215*	-0.151	0.053	0.068	0.288**	0.175	0.179	0.070	0.082	1	
能力水平	5.093	1.044	0.015	0.191*	-0.075	0.306**	0.070	0.426**	0.507**	0.466**	0.528**	-0.196*	1

注：** 表示在 $p<0.01$ 的水平上显著相关（双尾检验）；* 表示在 $p<0.05$ 的水平上显著相关（双尾检验）。

变量关系是控制了其他无关变量之后的，得到的变量关系要比相关分析更为准确。因此需要后续的回归分析以便得到变量之间的准确因果关系。

6.3.2 回归分析结果和假设检验

为了检验可能存在的多重共线性问题，本书在进行线性回归分析时分别计算了各个模型的方差膨胀因子（VIF），结果显示本章各模型的方差膨胀系数（VIF）均低于2。按照标准，VIF 值小于10，便表明模型的多重共线性并不严重。

表6.2 列出了嵌入性对组织学习的回归分析结果。模型1 是以组织学习为因变量，内部嵌入和外部嵌入为自变量的回归模型，内部嵌入和外部嵌入对组织学习都具有显著的正向影响，回归系数分别是（$\beta=0.381$，$p<0.01$）和（$\beta=0.174$，$p<0.05$），表明内部嵌入和外部嵌入均有利于子公司的组织学习，假设1 和假设2 成立。

表6.2　　嵌入性对组织学习的回归分析结果

变量	模型1	模型2	模型3	模型4	模型5
	组织学习	知识获取	信息扩散	信息解释	组织记忆
公司规模	0.009 (0.051)	0.048 (0.053)	0.012 (0.050)	-0.056 (0.053)	0.035 (0.054)
集权程度	0.074 (0.051)	-0.067 (0.053)	0.065 (0.051)	0.101 (0.053)	0.126 (0.055)
产业	-0.027 (0.176)	0.053 (0.182)	-0.079 (0.173)	-0.062 (0.183)	0.013 (0.187)
内部嵌入	0.381*** (0.089)	0.335*** (0.092)	0.415*** (0.088)	0.279*** (0.093)	0.246** (0.095)
外部嵌入	0.174** (0.084)	0.194** (0.087)	0.160* (0.083)	0.167* (0.087)	0.067 (0.089)
R^2	0.199	0.148	0.225	0.140	0.101
Adjusted R^2	0.163	0.110	0.191	0.102	0.062
R^2 change	0.199***	0.148***	0.225***	0.140***	0.101**
F-value	5.599***	3.919***	6.575***	3.670***	2.548**
N, df	119，5	119，5	119，5	119，5	119，5

注：回归模型采取的是强制进入法，表中列示的是标准化回归系数，* 表示 $p<0.10$、** 表示 $p<0.05$、*** 表示 $p<0.01$。

模型2是以知识获取为因变量，内部嵌入和外部嵌入为自变量的回归模型，内部嵌入和外部嵌入对知识获取都具有显著的正向影响，回归系数分别是（$\beta=0.335$，$p<0.01$）和（$\beta=0.194$，$p<0.05$），表明内部嵌入和外部嵌入均有利于子公司的知识获取，假设1a和假设2a成立。模型3是以信息扩散为因变量，内部嵌入和外部嵌入为自变量的回归分析模型，内部嵌入和外部嵌入对信息扩散都具有显著的正向影响，回归系数分别是（$\beta=0.415$，$p<0.01$）和（$\beta=0.160$，$p<0.10$），表明内部嵌入和外部嵌入均有利于子公司的信息扩散，假设1b和假设2b成立。模型4是以信息解释为因变量，内部嵌入和外部嵌入为自变量的回归分析模型，内部嵌入和外部嵌入对信息解释都具有显著的正向影响，回归系数分别是（$\beta=0.279$，$p<0.01$）和（$\beta=0.167$，$p<0.10$），表明内部嵌入和外部嵌入均有利于子公司的信息解释，假设1c和假设2c成立。模型5是以组织记忆为因变量，内部嵌入和外部嵌入为自变量的回归分析模型，内部嵌入对组织记忆都具有显著的正向影响（$\beta=0.246$，$p<0.05$），表明内部嵌入有利于子公司的组织组织记忆，假设1d成立。但外部嵌入对组织记忆的影响不显著，假设2d不成立。

表6.3列出了组织学习在外部嵌入性与业务范围之间中介作用检验的回归分析结果。模型6是同时加入自变量外部嵌入性和中介变量组织学习的回归分析模型，自变量外部嵌入性依然显著，而组织学习不显著，表明组织学习不在外部嵌入性与业务范围之间发挥中介作用，假设3不成立。模型7是同时加入自变量外部嵌入性和中介变量知识获取的回归分析模型，自变量外部嵌入性依然显著，而知识获取不显著，表明知识获取不在外部嵌入性与业务范围之间发挥中介作用，假设3a不成立。模型8是同时加入自变量外部嵌入性和中介变量信息扩散的回归分析模型，自变量外部嵌入性的回归系数依然显著，但是有所下降从0.279降到0.250，而信息扩散的回归系数是显著的（$\beta=0.170$，$p<0.10$），表明信息扩散在外部嵌入性与业务范围之间发挥部分中介作用，假设3b成立。模型9是同时加入自变量外部嵌入性和中介变量信息解释的回归分析模型，自变量外部嵌入性的回归系数依然显著，而信息解释不显著，表明信息解释不在外部嵌入性与业务范围之间发挥中介作用，假设3c不成立。模型10是同时加入自变量外部嵌入性和中介变量组织记忆的回归分析模型，自变量外部嵌入性的回归系数依然显著，而组织记忆不显著，表

明组织记忆不在外部嵌入性与业务范围之间发挥中介作用，假设3d 不成立。

表6.3　　组织学习在外部嵌入与业务范围之间中介效应的回归分析结果

变量	模型6	模型7	模型8	模型9	模型10
	业务范围	业务范围	业务范围	业务范围	业务范围
公司规模	0.197** (0.076)	0.194** (0.076)	0.195** (0.075)	0.204** (0.076)	0.197** (0.076)
集权程度	-0.148* (0.074)	-0.127 (0.073)	-0.156* (0.073)	-0.135 (0.074)	-0.140 (0.074)
产业	0.025 (0.263)	0.014 (0.263)	0.036 (0.262)	0.023 (0.265)	0.018 (0.263)
外部嵌入	0.255*** (0.128)	0.256*** (0.129)	0.250*** (0.127)	0.268*** (0.129)	0.273*** (0.127)
组织学习	0.131 (0.130)				
知识获取		0.112 (0.129)			
信息扩散			0.170* (0.129)		
信息解释				0.066 (0.131)	
组织记忆					0.086 (0.129)
R^2	0.159	0.155	0.170	0.147	0.150
Adjusted R^2	0.122	0.118	0.133	0.109	0.112
R^2 change	0.159***	0.155***	0.170***	0.147***	0.150***
F-value	4.270***	4.146***	4.623***	3.894***	3.988***
N, df	119, 5	119, 5	119, 5	119, 5	119, 5

注：回归模型采取的是强制进入法，表中列示的是标准化回归系数，* 表示 $p<0.10$、** 表示 $p<0.05$、*** 表示 $p<0.01$。

表 6.4 列出了组织学习在内部嵌入与能力水平之间中介作用的回归分析结果。模型 11 是同时加入自变量内部嵌入和中介变量组织学习的回归分析模型，自变量内部嵌入的回归系数由显著变为不显著，中介变量组织学习的回归系数是显著的（$\beta = 0.537$，$p < 0.01$），表明组织学习在内部嵌入与能力水平之间发挥完全中介作用，假设 4 成立。模型 12 是同时加入自变量内部嵌入和中介变量知识获取的回归分析模型，自变量内部嵌入的回归系数由显著变为不显著，中介变量知识获取的回归系数是显著的（$\beta = 0.383$，$p < 0.01$），表明知识获取在内部嵌入与能力水平之间发挥完全中介作用，假设 4a 成立。模型 13 是同时加入自变量内部嵌入和中介变量信息扩散的回归分析模型，自变量内部嵌入的回归系数由显著变为不显著，中介变量信息扩散的回归系数是显著的（$\beta = 0.454$，$p < 0.01$），表明信息扩散在内部嵌入与能力水平之间发挥完全中介作用，假设 4b 成立。模型 14 是同时加入自变量内部嵌入和中介变量信息解释的回归分析模型，自变量内部嵌入的回归系数虽然显著，但是由 0.265 下降到 0.151，中介变量信息解释的回归系数是显著的（$\beta = 0.404$，$p < 0.01$），表明信息解释在内部嵌入与能力水平之间发挥部分中介作用，假设 4c 成立。模型 15 是同时加入自变量内部嵌入和中介变量组织记忆的回归分析模型，自变量内部嵌入的回归系数虽然显著，但是由 0.265 下降到 0.148，中介变量信息解释的回归系数是显著的（$\beta = 0.475$，$p < 0.01$），表明组织记忆在内部嵌入与能力水平之间发挥部分中介作用，假设 4d 成立。

表 6.4　组织学习在内部嵌入与能力水平之间中介效应的回归分析结果

变量	模型 11	模型 12	模型 13	模型 14	模型 15
	能力水平	能力水平	能力水平	能力水平	能力水平
公司规模	0.023 (0.048)	0.009 (0.052)	0.022 (0.051)	0.050 (0.051)	0.010 (0.049)
集权程度	0.080 (0.048)	0.143 (0.052)	0.088 (0.051)	0.077 (0.052)	0.055 (0.050)
产业	-0.064 (0.166)	-0.099 (0.180)	-0.043 (0.176)	-0.053 (0.178)	-0.084 (0.170)

续表

变量	模型 11	模型 12	模型 13	模型 14	模型 15
	能力水平	能力水平	能力水平	能力水平	能力水平
内部嵌入	0. 058 (0. 090)	0. 135 (0. 096)	0. 075 (0. 097)	0. 151 * (0. 094)	0. 148 * (0. 089)
组织学习	0. 537 *** (0. 087)				
知识获取		0. 383 *** (0. 091)			
信息扩散			0. 454 *** (0. 094)		
信息解释				0. 404 *** (0. 090)	
组织记忆					0. 475 *** (0. 086)
R^2	0. 349	0. 240	0. 274	0. 254	0. 313
Adjusted R^2	0. 320	0. 206	0. 242	0. 221	0. 283
R^2 change	0. 349 ***	0. 240 ***	0. 274 ***	0. 254 ***	0. 313 ***
F – value	12. 107 ***	7. 117 ***	8. 521 ***	7. 690 ***	10. 295 ***
N，df	119，5	119，5	119，5	119，5	119，5

注：回归模型采取的是强制进入法，表中列示的是标准化回归系数，* 表示 $p<0.10$、** 表示 $p<0.05$、*** 表示 $p<0.01$。

综上所述，本章研究假设的检验情况如表 6. 5 所示。

表 6. 5　　本章研究假设的检验情况

假设	内容	结论
假设 1	内部嵌入性与组织学习正相关	成立
假设 1a	内部嵌入性与知识获取正相关	成立
假设 1b	内部嵌入性与信息扩散正相关	成立

续表

假设	内容	结论
假设 1c	内部嵌入性与信息解释正相关	成立
假设 1d	内部嵌入性与组织记忆正相关	成立
假设 2	外部嵌入性与组织学习正相关	成立
假设 2a	外部嵌入性与知识获取正相关	成立
假设 2b	外部嵌入性与信息扩散正相关	成立
假设 2c	外部嵌入性与信息解释正相关	成立
假设 2d	外部嵌入性与组织记忆正相关	不成立
假设 3	组织学习在外部嵌入性与业务范围之间发挥中介作用	不成立
假设 3a	知识获取在外部嵌入性与业务范围之间发挥中介作用	不成立
假设 3b	信息扩散在外部嵌入性与业务范围之间发挥中介作用	成立
假设 3c	信息解释在外部嵌入性与业务范围之间发挥中介作用	不成立
假设 3d	组织记忆在外部嵌入性与业务范围之间发挥中介作用	不成立
假设 4	组织学习在内部嵌入性与能力水平之间发挥中介作用	成立
假设 4a	知识获取在内部嵌入性与能力水平之间发挥中介作用	成立
假设 4b	信息扩散在内部嵌入性与能力水平之间发挥中介作用	成立
假设 4c	信息解释在内部嵌入性与能力水平之间发挥中介作用	成立
假设 4d	组织记忆在内部嵌入性与能力水平之间发挥中介作用	成立

6.3.3 讨论与启示

6.3.3.1 讨论

假设 1 预期子公司内部嵌入与组织学习正相关，假设 1a、假设 1b、假设 1c、假设 1d 分别预期子公司内部嵌入与知识获取、信息扩散、信息解释、组织记忆正相关，实证结果表明这些假设成立。这与组织内学习的文献相一致，并与蔡（Tsai，2000；Tsai，2001）的研究一致，跨国公司的内部联系有助于各单位之间的学习。也与德哈纳拉等（Dhanaraj et al.，2004）的研究一致，嵌入性有利于跨国公司母子公司之间的知识转移。

假设2预期子公司外部嵌入与组织学习正相关，假设2a、假设2b、假设2c、假设2d分别预期子公司外部嵌入与知识获取、信息扩散、信息解释、组织记忆正相关，实证结果表明除假设2d外其他假设都成立。该结论与鲍威尔（Powell et al. 1996），安德森（Andersson et al.，2005），慕（Mu et al.，2007）的研究一致。子公司外部嵌入性促进了子公司与外部网络成员之间的紧密联系，形成了信任、互惠等网络机制，促进了网络成员之间的知识转移和组织间学习。假设2d不成立意味着外部嵌入对组织记忆的影响有限，可能的原因是从外部网络获取的知识较难在子公司内部存储。

假设3预期组织学习在外部嵌入与业务范围之间发挥中介作用，假设3a、假设3b、假设3c、假设3d分别预期知识获取、信息扩散、信息解释、组织记忆在外部嵌入与业务范围之间发挥中介作用，实证结果表明假设3不成立，除假设3b成立外，其他子假设均不成立。可能的解释是：第一，子公司外部嵌入性并不是通过组织学习作用于业务范围，而是直接作用于业务范围。这与区位优势理论（Dunning，1981）相一致，子公司的业务范围受到东道国的要素禀赋、基础设施、市场容量与消费需求、政府政策、社会文化环境等因素的直接影响。第二，通过外部嵌入性进行的学习往往学到的是经验性知识和特定地区的知识，而非职能性知识。经验性知识和特定地区的知识虽然能够改变子公司的行为，但无益于子公司扩大业务范围（Pu and Pek，2018）。第三，尽管外部嵌入性能够促进子公司的组织学习，但组织学习对子公司发现新业务机会、开展新业务活动的影响有限，这也可以从组织学习对业务范围的作用受到数据的微弱支持得到证明。究其原因，从识别新机会到开展新业务不仅需要相关的知识，也需要整合其他的资源，而组织学习仅仅能够为新业务整合知识。另外，尽管组织学习有利于子公司发现新机会，但子公司可能缺乏相应的能力创建新的产品和服务。假设3b成立意味着外部嵌入通过促进知识在子公司内的复制、传播而促进子公司扩大业务范围，说明信息扩散在外部嵌入与子公司业务范围之间发挥了比其他组织学习过程维度更重要的作用。

假设4预期组织学习在内部嵌入与能力水平之间发挥中介作用，假设4a、假设4b、假设4c、假设4d分别预期知识获取、信息扩散、信息解释、组织记忆在内部嵌入与能力水平之间发挥中介作用，实证结果表明这些假设全部成立。这与组织学习的吸收能力和知识转移的研究文献一致。从吸收能力方面解释，子公司的内部嵌入性增加了母公司对子公司的开放程度和母子公司之间的相似性，从而有利于子公司评价、消化和应用新知识。从知识转移方面解释，子公司内部嵌入性增加了母公司和其他子公司向焦点子公司转移知识的动机，形成了以紧密联系、相互作用为主要形式的知识传送渠道，增加了子公司接受知识的意愿，从而促进了知识转移。知识是能力的基础，知识的变化和更新导致了能力的变化和更新，因此子公司内部嵌入性通过组织学习促进子公司能力水平的提高。

6.3.3.2 启示

本章深入挖掘嵌入性对子公司发展的作用机理，探讨并检验组织学习过程在嵌入性与子公司发展之间的中介效应模型，得出了一些非常有价值的发现，这些发现具有重要的理论和实践启示。

理论和实践启示体现在：第一，子公司的内部嵌入性和外部嵌入性都能够促进组织学习，并能促进组织学习的各个过程。对于子公司而言，应该重视从子公司所嵌入的网络学习，增加网络嵌入是开展组织学习的重要途径。第二，子公司内部嵌入性对能力水平并非直接作用关系，而是通过组织学习包括知识获取、信息扩散、信息解释和组织记忆的中介变量发生作用，而子公司外部嵌入性通过信息扩散的部分中介作用于业务范围。这意味着外部嵌入性与业务范围的关系中信息扩散比知识获取、信息解释、组织记忆更重要，也说明子公司能力水平提升是比业务范围扩大更复杂的过程，需要子公司组织学习的深入参与。

本章在前两章结论的基础上分析子公司网络嵌入对组织学习的影响，分析并检验组织学习以及组织学习过程（知识获取、信息扩散、信息解释、组织记忆）在网络嵌入与子公司发展之间的中介效应，有助于深化子公司组织学习理论和子公司发展理论的研究。

第7章
权变因素下的嵌入性与组织学习关系

根据本书所构建的理论模型，本章将进一步分析不同权变因素对嵌入性与组织学习关系的影响。图7.1中为本章的主要研究内容，即引入子公司所在产业和主导行为两个权变因素，试图揭示产业和主导行为对子公司嵌入性与组织学习之间关系的调节作用。本章内容按照如下顺序展开论述：首先以网络嵌入理论、组织学习理论、公司创业理论为基础，结合现有研究成果，开展理论推导，构建理论假设；然后，阐述所涉及主要变量的测量手段，并对数据进行统计分析；随后，对数据分析结果进行解释与讨论；最后概括研究的主要发现及其启示。

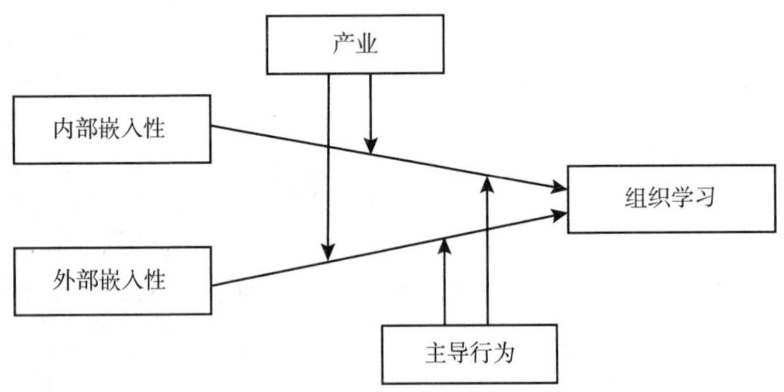

图7.1 产业和主导行为对嵌入性与组织学习关系的调节效应模型

7.1 理论推导与假设构建

7.1.1 子公司所在产业的调节作用

综观战略管理的研究历史，从 20 世纪 70 年代的环境适应理论到 80 年代的产业组织理论再到现在对环境不确定性的关注，环境始终没有脱离战略管理的研究视野。的确，环境是组织生存和发展的土壤，组织的任何活动都嵌入到一定的环境中，都离不开与环境的互动。产业环境是影响组织战略和组织行为的重要因素，不同的产业在产品、市场、技术、竞争等方面存在着显著的差异，正是这些差异决定了不同产业中组织的战略和行为不同。组织学习作为重要的组织活动自然会受到产业环境的影响。在产品、市场、技术变化快，竞争性强的产业中，企业倾向于采取组织学习以增强企业对于环境的适应，应对环境的不确定性。

按照通常的分类方法，一般把产业划分为高技术产业和传统产业。与传统产业相比，高技术产业是技术和知识高度密集的产业，具有很高的创新性；高技术产业产品生命周期短，产品更新速度快；高技术产业不确定性高，风险大；高技术产业竞争异常激烈，竞争力来源于技术创新。可见，知识对于高技术产业的企业至关重要。处于高技术产业的子公司需要不断获取和更新知识以维持生存和保持竞争优势，因此子公司会主动增加网络嵌入性，以便从内部网络和外部网络中获取更多的知识，因为子公司所嵌入的网络是子公司知识的重要来源。即使在子公司网络嵌入性不变的前提下，处于高技术产业的子公司由于对知识的迫切需求而具有更高的学习动机和意愿，能够主动增强其从网络中的学习，从而促进了子公司的组织学习。

基于以上分析，嵌入性能够促进子公司的组织学习，但这种作用受到子公司所在产业的影响。在高技术产业中的子公司，嵌入性对组织学习的作用更强，因此提出如下假设：

假设 1：产业调节了子公司嵌入性与组织学习的关系。

假设1a：与传统产业相比，在高技术产业中子公司内部嵌入性对组织学习的作用更强。

假设1b：与传统产业相比，在高技术产业中子公司外部嵌入性对组织学习的作用更强。

7.1.2 子公司主导行为的调节作用

波金绍和弗赖伊（Birkinshaw and Fry，1998）认为子公司主导行为是指子公司先动的、有意地追求新业务机会，目的是以与跨国公司战略目标一致的方式扩展子公司的职责范围。他们进一步把子公司主导行为分为两种形式：外部主导行为和内部主导行为。外部主导行为是在子公司当地市场通过与顾客、供应商和政府机构的相互作用而识别新的或增强的业务机会。由此可见，外部主导行为要求子公司必须增加其外部嵌入性，通过与当地顾客、供应商、竞争者、政府等更加紧密的互动而发现新机会。内部主导行为是在跨国公司的已存在边界内识别子公司能够承担的新业务机会。内部主导行为需要子公司增加其内部嵌入性，紧密地整合到公司系统中，与公司网络紧密联系，以便能够尽早地了解投资机会。而本书的研究和其他一些研究已经表明子公司增加网络嵌入能够促进组织学习。

波金绍（Birkinshaw，1999）认为子公司主导行为能够促进母子公司之间的沟通，增加母公司对子公司的信赖，提升母公司对子公司的开放性，使母公司更容易了解子公司的知识需求，更愿意向子公司转移知识，促进了子公司的组织学习。波金绍（Birkinshaw，1998）认为子公司主导行为产生了有利的组织文化，增加了员工对组织的承诺和个体层次上的学习。同时，重视创业与创新的文化为组织从探索和实验中学习提供了最有利的环境（张婧，2005）。

子公司主导行为的本质是创新，包括产品/市场创新，即企业不断地推出新产品和服务或进入新的市场领域；组织创新，即企业改变其内部流程和结构；战略创新，即企业改变竞争方式，重新界定与市场和产业竞争者关系；使命创新，即企业创造或开辟其他企业尚未发现或尚未积极开发的新竞争领域，重新定义其业务范围（苗莉，2005）。创新需要组织学习，因为创新是以知识为基础的。丁岳枫（2006）认为，创新的过程就是学习的过程。在创新的过程中，知识被获取、分享和吸收。创新是创造新知识并且开发它的商业用途的过程。梅比和萨拉曼（Mabey and Salaman，1995）认为组织学习是组织维持创新的主要因素。研究表明，组织学习对组织的产品创新（McKee，1992）、技术创新及管理创新有着显著的影响（谢洪明等，2008）。

基于以上分析，子公司主导行为本身是创业和创新的过程，在这一过程中子公司即使保持网络嵌入程度不变，也会由于子公司具有更强的学习动机和意愿而提高组织学习效果。另外，子公司开展主导行为会增加网络嵌入以便从网络中汲取更多知识，促进组织学习。总之，如果子公司具有很高的主导行为意愿和频率，嵌入性对子公司组织学习的作用会更强，因此提出如下假设：

假设2：主导行为调节了子公司嵌入性与组织学习的关系。

假设2a：主导行为在子公司内部嵌入性与组织学习的关系之间发挥正向调节作用。

假设2b：主导行为在子公司外部嵌入性与组织学习的关系之间发挥正向调节作用。

7.2 变量测量

本章所涉及的主要变量内部嵌入、外部嵌入、产业、主导行为的测量在第4章进行了阐述，组织学习的测量在第5章进行了阐述。

关于控制变量，本书选择公司年龄和公司规模作为控制变量。相关研究表明，公司的年龄越大，公司的经验和知识积累越多，公司的知识基础影响公司对新知识的评价、消化和应用，对组织学习产生影响。公司的规模越大，公司的资源越多，越有可能投入更多的资源进行学习和创新。公司年龄以公司的成立年数表示。公司规模以公司的员工人数表示，为了减少方差，在进行统计分析时对员工人数进行取对数处理。

7.3 结果与讨论

本节将系统阐述数据分析结果，检验假设支持情况，并对研究结果进行细致的讨论，挖掘假设背后的理论和实践启示。

7.3.1 描述性统计与相关分析结果

本书首先对研究变量进行描述性统计和相关分析，旨在初步判断变量的基本特征、内在联系以及回归方程的多重共线性问题。表 7.1 显示了研究变量各自的均值、标准差，以及变量之间的 Pearson 相关系数。

表 7.1 研究变量的描述性统计及相关矩阵

变量	均值	标准差	公司年龄	公司规模	内部嵌入	外部嵌入	所在产业	主导行为	组织学习
公司年龄	10.66	5.694	1						
公司规模	6.11	1.693	0.346 **	1					
内部嵌入	4.841	1.421	-0.093	0.036	1				
外部嵌入	4.563	1.360	-0.012	0.005	0.000	1			
所在产业	0.39	0.489	-0.087	0.185 *	-0.043	0.022	1		
主导行为	4.30	1.735	-0.067	-0.026	0.178	0.543 **	-0.069	1	
组织学习	5.23	0.980	-0.014	0.013	0.406 **	0.169	-0.033	0.316 **	1

注：** 表示在 $p<0.01$ 的水平上显著相关（双尾检验）；* 表示在 $p<0.05$ 的水平上显著相关（双尾检验）。

对于控制变量，公司年龄与公司规模之间存在着显著的正相关关系，相关系数为 0.346（$p<0.01$），公司规模与产业之间存在显著的正相关关系，相关系数为 0.185（$p<0.05$）。从自变量与因变量的相关关系看，内部嵌入性与组织学习之间存在着显著的正相关关系，相关系数为 0.406（$p<0.01$）。从自变量与调节变量的关系看，子公司外部嵌入性与主导行为之间存在着显

著的正相关关系，相关系数为 0.543（$p < 0.01$）。从调节变量与因变量的关系看，子公司主导行为与组织学习之间存在着显著的正相关关系，相关系数为 0.316（$p < 0.01$）。

从控制变量、自变量以及调节变量的相关关系看，除子公司主导行为与外部嵌入性之间（相关系数为 0.543，$p < 0.01$）存在着显著性相关关系外，其他变量之间均不存在显著性相关关系。据此可以初步判断，各变量之间自相关现象并不严重，意味着回归模型可能不会存在严重的多重共线性问题。

以上各研究变量之间的两两相关系数虽然说明它们之间存在着相关关系，但并不能判明变量之间的因果关系和影响作用大小，因为相关分析无法排除其他因素对它们之间关系的影响。因此，变量之间的相关关系只能作为判断它们之间因果关系的参考，因果关系仍然需要通过进一步的回归分析来确定。

7.3.2 回归分析结果和假设检验

本书按照第 3 章所述的调节变量检验步骤来分别检验子公司所在产业和主导行为对嵌入性与组织学习关系的调节效应，旨在检验所提出的具体理论假设。需要指出的是，用回归的方法检验调节效应需要对自变量和调节变量中的连续变量进行中心化或标准化处理，以避免回归方程中变量间的多重共线性问题。本书采用对连续变量进行标准化的方法。由于本书中产业采用虚拟变量设置，不是连续变量，无须进行标准化。而内部嵌入性和外部嵌入性虽然是连续变量，但内部嵌入性和外部嵌入性是因子分析之后的因子得分，其均值为 0，标准差是 1，也无须标准化。因此，本书只对主导行为变量进行标准化。

为了检验可能存在的多重共线性问题，本书在进行线性回归分析时分别计算了各个模型的方差膨胀因子（VIF），结果显示本章各模型的方差膨胀系数（VIF）均低于 2。按照标准，VIF 值小于 10，便表明模型的多重共线性并不严重。

表 7.2 列示了产业对子公司嵌入性与组织学习关系的调节效应分析结果。模型 1 是控制变量、自变量对因变量的回归模型，模型 2 是控制变量、自变

量、调节变量对因变量的回归模型，模型 3 是控制变量、自变量、调节变量以及交互效应对因变量的回归模型。从整体看，回归模型均达到了显著水平，具有统计意义。

表 7.2　　产业对子公司嵌入性与组织学习关系的调节效应分析

变量	因变量：组织学习		
	模型 1	模型 2	模型 3
公司年龄	0.030 (0.016)	0.027 (0.016)	0.049 (0.016)
公司规模	-0.013 (0.053)	-0.009 (0.055)	0.058 (0.054)
内部嵌入	0.409*** (0.085)	0.408*** (0.085)	0.661*** (0.110)
外部嵌入	0.169** (0.084)	0.169** (0.084)	0.009 (0.113)
所在产业		-0.016 (0.179)	-0.029 (0.171)
内部嵌入 × 所在产业			-0.356*** (0.173)
外部嵌入 × 所在产业			0.151 (0.168)
R^2	0.194	0.194	0.274
Adjusted R^2	0.166	0.159	0.228
R^2 change		0.000	0.080***
F - value	6.868***	5.454***	5.980***
N，df	119，4	119，5	119，7

注：回归模型采取的是强制进入法，表中列示的是标准化回归系数，* 表示 $p<0.10$、** 表示 $p<0.05$、*** 表示 $p<0.01$。

从模型 2 的自变量回归系数看，内部嵌入性与外部嵌入性对组织学习有着显著性影响。内部嵌入性与组织学习之间表现为正向相关关系（$\beta=0.408$，$p<0.01$），说明内部嵌入性越高，子公司组织学习越好。外部嵌入性与组织

学习之间表现为正向相关关系（$\beta = 0.169$，$p < 0.05$），说明外部嵌入性越高，子公司组织学习越好。

模型 3 与模型 2 相比较，回归方程的调整后 R^2 由原来的 0.159 上升到 0.228，增加了 0.069（$p < 0.01$），表明加入嵌入性与产业交互项后的全效应模型比主效应模型对因变量的解释力度提高了 6.9%，说明交互效应的作用效果比较显著。从交互效应的显著性上看，内部嵌入与产业的交互项系数达到了统计上的显著性水平，而外部嵌入性与产业的交互项系数没有达到统计上的显著性水平。由此，假设 1b 没有得到支持。从调节方向上看，出乎意料的是，内部嵌入性与产业的交互项系数 $\beta = -0.356$（$p < 0.01$），说明产业在内部嵌入性与组织学习关系之间起着负向调节作用，即产业性质对内部嵌入性与组织学习的正向关系具有抑制作用。这意味着在高技术产业，内部嵌入性与组织学习的正向作用较弱，而在传统产业，内部嵌入性与组织学习的正向作用较强。由此，假设 1a 没有得到支持。

表 7.3 列示了主导行为对子公司嵌入性与组织学习关系的调节效应分析结果。模型 4 是控制变量、自变量对因变量的回归模型，模型 5 是控制变量、自变量、调节变量对因变量的回归模型，模型 6 和模型 7 是控制变量、自变量、调节变量以及交互效应对因变量的回归模型。从整体看，回归模型均达到了显著水平，具有统计意义。

表 7.3　主导行为对子公司嵌入性与组织学习关系的调节效应分析

变量	因变量：组织学习			
	模型 4	模型 5	模型 6	模型 7
公司年龄	0.030 (0.016)	0.039 (0.016)	0.041 (0.016)	0.057 (0.016)
公司规模	-0.013 (0.053)	-0.008 (0.052)	-0.010 (0.053)	-0.013 (0.052)
内部嵌入	0.409*** (0.085)	0.369*** (0.085)	0.366*** (0.087)	0.345*** (0.085)
外部嵌入	0.169** (0.084)	0.045 (0.099)	0.048 (0.101)	0.109 (0.104)

续表

变量	因变量：组织学习			
	模型 4	模型 5	模型 6	模型 7
主导行为		0.228** (0.058)	0.228** (0.058)	0.247** (0.058)
内部嵌入×主导行为			-0.017 (0.079)	
外部嵌入×主导行为				0.168* (0.082)
R^2	0.194	0.229	0.229	0.251
Adjusted R^2	0.166	0.195	0.188	0.211
R^2 change		0.035**	0.000	0.022*
F-value	6.868***	6.721***	5.559***	6.261***
N，df	119，4	119，5	119，6	119，6

注：回归模型采取的是强制进入法，表中列示的是标准化回归系数，* 表示 $p<0.10$、** 表示 $p<0.05$、*** 表示 $p<0.01$。

模型 5 是在控制变量、自变量的基础上引入调节变量的回归模型。模型 5 与模型 4 相比较，回归方程的调整 R^2 由原来的 0.166 上升为 0.195，增加了 0.029，表明加入调节变量主导行为后模型对因变量的解释力度增加了 2.9%，并达到了统计上的显著性（$p<0.05$）。从模型 5 中自变量的回归系数看，内部嵌入性对组织学习具有正向作用关系，$\beta=0.369$（$p<0.01$），外部嵌入性对组织学习的作用关系不再显著。从调节变量的回归系数看，主导行为对组织学习具有正向作用关系，$\beta=0.228$（$p<0.05$），说明子公司主导行为越高，组织学习越好。同时，也说明主导行为对组织学习的作用要强于外部嵌入性对组织学习的作用。

模型 6 与模型 5 相比较，回归方程的调整 R^2 由原来的 0.195 变为 0.188，表明加入内部嵌入与主导行为的交互项后模型对因变量的解释力度没有得到增强。从模型 6 看，内部嵌入性和主导行为与组织学习的正向相关关系依然显著，分别为 $\beta=0.369$（$p<0.01$）和 $\beta=0.228$（$p<0.05$），这说明在考虑权变因素下，内部嵌入性和主导行为依然对组织学习具有显著的正向作用。

从交互项的回归系数看，内部嵌入与主导行为之间交互作用的回归系数为 $\beta = -0.017$，不具有统计上的显著性。因此，主导行为对内部嵌入性与组织学习的关系不具有调节作用，假设 2a 没有得到支持。

模型 7 与模型 5 相比较，回归方程的调整 R^2 由原来的 0.195 上升为 0.211，增加了 0.016，表明加入外部嵌入与主导行为的交互项后模型对因变量的解释力度增加了 1.6%，并达到了统计上的显著性。从模型 7 看，内部嵌入性和主导行为与组织学习的正向相关关系依然显著，分别为 $\beta = 0.345$（$p < 0.01$）和 $\beta = 0.247$（$p < 0.05$），这说明权变因素并没有改变内部嵌入性和主导行为对组织学习所具有的显著正向作用。从交互项的回归系数看，外部嵌入与主导行为之间交互作用的回归系数为 $\beta = 0.168$（$p < 0.10$），呈现正向显著性影响，说明主导行为对外部嵌入性与组织学习的关系具有正向调节作用。由此，假设 2b 得到支持。

综合以上结果，假设 1a、假设 1b 没有得到支持，因此假设 1 没有得到支持。假设 2a 没有得到支持，假设 2b 得到支持，因此假设 2 得到了部分支持。研究假设的支持情况如表 7.4 所示。

表 7.4　　本章研究假设的检验情况

假设	内容	结论
假设 1	产业调节了子公司嵌入性与组织学习的关系	不支持
假设 1a	与传统产业相比，在高技术产业中子公司内部嵌入性对组织学习的作用更强	不支持
假设 1b	与传统产业相比，在高技术产业中子公司外部嵌入性对组织学习的作用更强	不支持
假设 2	主导行为调节了子公司嵌入性与组织学习的关系	部分支持
假设 2a	主导行为在子公司内部嵌入性与组织学习的关系之间发挥正向调节作用	不支持
假设 2b	主导行为在子公司外部嵌入性与组织学习的关系之间发挥正向调节作用	支持

7.3.3　讨论与启示

7.3.3.1　讨论

本书提出在不同权变因素影响下，嵌入性对组织学习的作用关系不同，即子公司所在的产业和主导行为调节了嵌入性与组织学习之间的关系。基于相关理论和研究认为，产业对子公司嵌入性与组织学习之间的关系具有正向调节作用，主导行为对子公司嵌入性与组织学习之间的关系具有正向调节作用。本书用跨国公司在中国的119家子公司的调查数据来验证所提出的假设，结果表明，子公司所在产业对内部嵌入性与组织学习的关系具有负向调节作用，而子公司主导行为对外部嵌入性与组织学习的关系具有正向调节作用。

假设1a预期与传统产业相比，在高技术产业中子公司内部嵌入性对组织学习的作用更强。实证结果表明，虽然产业对内部嵌入性与组织学习的调节作用具有突出的统计显著性，但其调节方向是负向的。图7.2展示的是产业对内部嵌入性与组织学习关系的负向调节作用。在高技术产业，内部嵌入性与组织学习之间作用直线斜率为负，在传统产业，内部嵌入性与组织学习之间作用直线斜率为正。这说明在高技术产业，内部嵌入性与组织学习的正向作用受到抑制，内部嵌入性越高，组织学习水平越低；而在传统产业，内部嵌入性与组织学习的正向作用得到增强，内部嵌入性越高，组织学习水平越高。可能的理论解释是，在知识经济的时代，企业之间的竞争已经转化为以知识为基础的核心能力的竞争，而核心技术和核心产品是核心能力的具体体现。因此，跨国公司对技术的控制十分严格，千方百计地防止技术的扩散和溢出。对于高技术产业来说，由于高技术产业技术先进，产品生命周期短，竞争激烈，跨国公司对专利技术的保护更加严密，从而导致子公司通过内部嵌入性而获得的知识和技术并不多。如果内部嵌入性无法导致子公司知识的增加，那么再增加嵌入性就会导致乌兹（Uzzi，1997）所讨论的“过度嵌入”，使内部嵌入性对组织学习产生抑制作用。而在传统产业，由于传统产业的技术和知识密集度低，以一般的稳定技术为主，而且传统产业的风险也较低，跨国公司对技术扩散的防范相对宽松，因此，内部嵌入性高的子公司容易从跨国公司内部获取知识而促进其组织学习。该研究结果在实践中得到了很好的呼应。“以市场换技术”是落后国家和地区或企业在发展过程中经常采用的战略选择。对于国家和地区来说，通常是以国内市场作为对等交换的条件，通过选择性地向外商提供市场准入，以从外国投资者手中获得所需要的先进技术（王俭，2004）。对于企业来说，通常是与跨国公司建立合资企业，低成本获得相关产品的核心技术，从而在短期内提升企业竞争能力。然而，诸多的研究已经表明，

"以市场换技术"不但不能保证落后国家或地区企业获得预期的技术溢出效果，更使其失去了市场的影响力和控制权（蔡继荣，2008）。主要原因在于跨国公司的技术保护和非核心技术投入。蒲明（2008b）也指出在技术转让上，跨国公司往往把较陈旧的技术转让给我国，而把先进的技术保留在跨国公司内部；跨国公司往往转移的是非核心技术，核心技术我们很难获得。

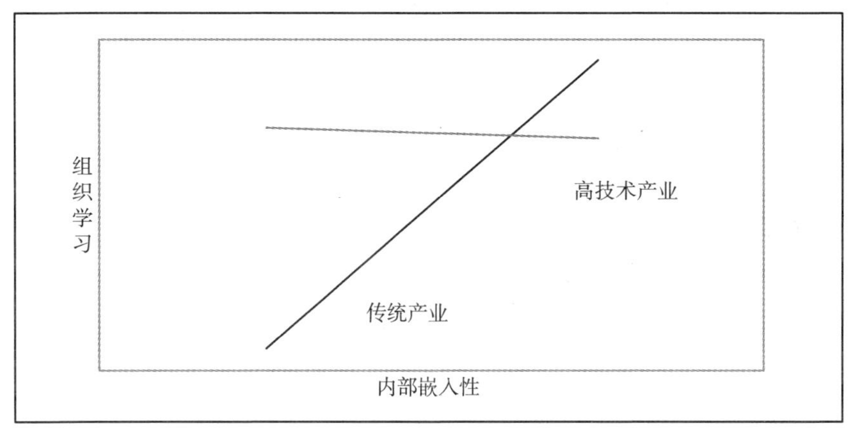

图 7.2　子公司所在产业的调节作用斜率

假设 1b 预期与传统产业相比，在高技术产业中子公司外部嵌入性对组织学习的作用更强。实证结果表明该假设不成立，结果只显示产业和外部嵌入性的交互项对组织学习具有正向影响，但不具有显著性。可能的解释是：随着消费者需求的日益多样化、个性化，不同国家对产品的需求表现出明显的差异。因此，跨国公司的技术和产品必须经过本土化改造才能适应当地市场的需求，这是一个与当地顾客互动的过程。当今市场竞争日益激烈，跨国公司为了增加销售，扩大市场占有率，必须在当地建立完善的分销和销售渠道，这是一个与当地供应商、销售商互动的过程。跨国公司为了在当地市场竞争中占据优势地位，必须了解竞争者的动向，与竞争者在竞争中合作，这是一个与当地竞争者互动的过程。跨国公司在东道国开展生产经营活动，离不开与政府部门打交道，这是一个与当地政府互动的过程。尽管子公司所在的产业不同，但无论是在哪个产业的子公司都必须与当地顾客、供应商、竞争者、政府等发生相互作用，这种相互作用本身就是组织学习的过程。因此，产业对外部嵌入性与组织学习的调节作用不显著，即外部嵌入性对组织学习的作用不会因产业的不同而表现出差异。

假设 2a 预期主导行为在子公司内部嵌入性与组织学习的关系之间发挥正向调节作用。实证结果表明该假设不成立，这说明子公司内部嵌入性对组织学习的作用不会受到主导行为的影响。可能的解释有三个：第一，尽管跨国公司可以被看作是在地区上分散的网络组织，但跨国公司的内部仍然具有严格而精细的控制系统，以保证整个跨国公司高效地运作。这种控制系统实际上起到对子公司主导行为的甄选作用，它过滤了质量不高或不够成熟的子公司主导行为，而且子公司主导行为的实施往往受到控制系统的影响。第二，子公司主导行为在跨国公司内部的实施并不容易。它经常受到来自跨国公司内部的抵制。这些抵制表现为对子公司主导行为的忽视，对子公司能力的怀疑以及直接的反对（Bikinshaw and Fry，1998）。第三，过高的主导行为会导致母公司的怀疑。子公司过高的主导行为会使母公司怀疑子公司主导行为的动机是“建立自己的帝国”，是出于子公司自身的利益，而不是为了整个公司的利益。在这种情况下，母公司会对子公司采取防范措施，减少与子公司的相互作用，减少对子公司的知识转移。这也可以从主导行为对内部嵌入性与组织学习关系的负向作用得到证明，尽管这种作用关系不显著。

假设 2b 预期主导行为在子公司外部嵌入性与组织学习的关系之间发挥正向调节作用，实证结果表明该假设成立。图 7.3 是子公司主导行为对外部嵌入性与组织学习之间作用关系的正向调节作用斜率图。在高主导行为条件下，外部嵌入性与组织学习之间作用直线更加陡峭，在低主导行为条件下，外部嵌入性与组织学习之间作用直线更加平缓。这说明子公司外部嵌入性对组织学习的作用受到主导行为的影响，主导行为越高，外部嵌入性对组织学习的作用越强。这与波金绍等（Birkinshaw，1998；Birkinshaw and Fry，1998；Birkinshaw，1999）的研究一致。子公司在当地市场的主导行为需要与当地顾客、供应商、竞争者、政府等紧密联系而发现机会，从而促进了外部嵌入性对组织学习的影响。子公司主导行为在本质上是创业、创新的过程，同时也在子公司内形成了创业、创新的文化，从而促进了外部嵌入性对组织学习的作用。那么为什么主导行为对外部嵌入性与组织学习的调节作用显著，而对内部嵌入性与组织学习的调节作用不显著呢？一方面，子公司在东道国当地市场的嵌入使子公司相对远离跨国公司的控制。另一方面，子公司往往被认为比总部更了解当地市场，因此子公司常常被赋予一定程度的自治权，即在它们职责范围内可以自主管理子公司的经营，这给予子公司发挥主导行为的充分空间。

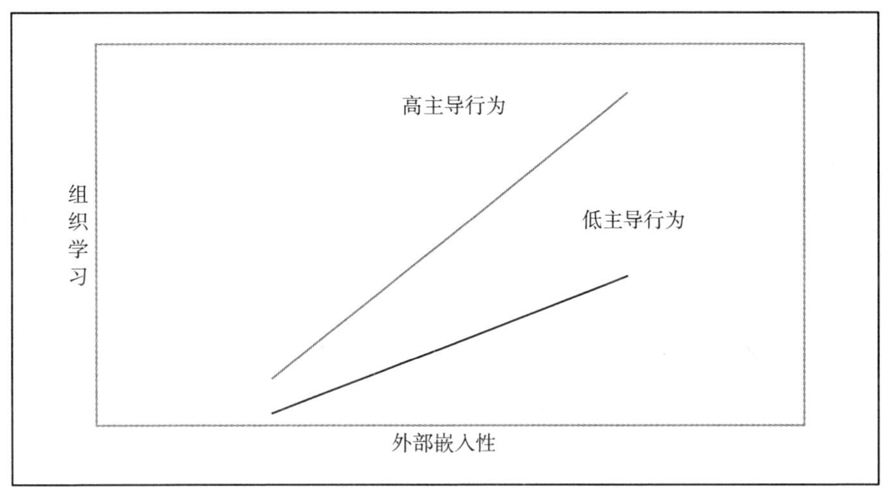

图 7.3　子公司主导行为的调节作用斜率

7.3.3.2　启示

本章深入探索不同权变因素对子公司嵌入性与组织学习作用关系的影响，在理论推演的基础上利用调查数据进行实证研究，得出了一些非常有价值的发现，这些发现具有重要的理论启示。

第一，子公司内部嵌入性比外部嵌入性对组织学习的影响更强。在不考虑权变因素的影响下，子公司内部嵌入性和外部嵌入性对组织学习都有显著的正向作用，但子公司内部嵌入性的作用更大。在考虑权变因素的影响下，子公司内部嵌入性依然对组织学习具有突出的显著正向作用，而子公司外部嵌入性对组织学习的作用不再显著。

第二，子公司嵌入性对组织学习的影响受到不同权变因素的影响。具体而言，子公司所在的产业负向调节了子公司内部嵌入性对组织学习的影响，而对子公司外部嵌入性与组织学习的关系没有调节作用。子公司的主导行为对内部嵌入性与组织学习的关系没有调节作用，而对外部嵌入性与组织学习的关系具有正向的调节作用。

本章引入不同的权变因素，深刻揭示了权变因素对嵌入性与组织学习关系的影响，有助于加深对嵌入性与组织学习之间关系的理论认识，进一步深化子公司网络嵌入和组织学习的研究，并有助于推动组织学习理论研究的深化。

第 8 章
结论与展望

本章对本书的主要结论进行总结与回顾，归纳本书可能的创新点和理论贡献，阐述研究结论对理论和实践的启示，并指出本书的不足和未来的研究方向。

8.1 主要结论

本书以网络嵌入视角审视子公司发展问题，通过深入分析子公司网络嵌入的前因后果变量，构建了主导行为—网络嵌入—组织学习—子公司发展的理论模型，深入挖掘主导行为以及网络嵌入对子公司发展的作用机理，并利用实证数据检验了相关理论假设。本书的研究成果揭示了主导行为以及网络嵌入对子公司发展的作用机理，具有重要的理论和实践价值。本书的研究结论主要体现在以下几个方面：

8.1.1 主导行为是影响网络嵌入的前因变量

子公司主导行为促进了其在内部网络和外部网络中的嵌入性。子公司在开展主导行为时增加内部网络嵌入可以识别跨国公司内部的机会，得到母公司的认可和批准，获得内部网络的资源。增加外部网络嵌入可以帮助子公司识别东道国的市场机会，获得外部网络成员的支持和资源。从而澄清并明确了子公司主导行为与网络嵌入的因果关系，并识别出网络嵌入的影响因素。

8.1.2 网络嵌入是影响子公司发展的重要因素且作用不同

在跨国公司网络组织的观点下，嵌入性反映了网络中子公司的本质属性，也反映了子公司的战略定位，并且是重要的网络分析方法。嵌入性是子公司获取信息、学习知识、发现机会的重要渠道，因此对子公司发展具有重要的影响。

在相关研究的基础上，本书把嵌入性分为内部嵌入性和外部嵌入性，并从业务范围和能力水平两个方面考察子公司发展。研究发现，两种嵌入性对子公司发展都有显著的正向影响，但两种嵌入性对子公司发展的影响各不相同。具体而言，内部嵌入性有利于促进子公司能力水平的提升，外部嵌入性有利于促进子公司业务范围的扩大。如果从知识的角度分析，可以认为跨国公司内部的知识更有利于促进子公司能力水平的提升，东道国当地的知识更有利于促进子公司业务范围的扩大。这说明可以选择增加子公司不同的嵌入性来促进子公司获得不同方式的发展。

8.1.3 主导行为通过组织学习作用于子公司发展的内在机制

主导行为是促进子公司发展的重要因素。这种作用体现在主导行为能够促进子公司业务范围的扩大，也能够促进子公司能力水平的提高。

子公司开展主导行为的过程是子公司不断进行学习的过程，在开展主导行为的过程子公司需要不断重复知识获取、信息扩散、信息解释、组织记忆的过程。组织学习对子公司发展具有促进作用。组织学习既能促进子公司能力水平的提升，也能促进子公司业务范围的扩大，但对子公司能力水平的提升作用更加明显。

子公司主导行为通过组织学习提高子公司能力水平，而子公司主导行为并非通过组织学习扩大子公司业务范围。这说明，子公司开展主导行为提高子公司能力水平必须触发组织学习机制，引发组织学习过程，促进知识在组织内的演进，从而促进子公司能力的演化；而子公司开展主导行为扩大业务范围则不需要组织学习机制，也不需要组织学习过程的介入和参与。

8.1.4 网络嵌入通过组织学习作用于子公司发展的内在机制

不同嵌入性对子公司发展的作用机制不同。具体而言，内部嵌入性通过组织学习及四个维度知识获取、信息扩散、信息解释、组织记忆影响子公司能力水平，外部嵌入性并非通过组织学习及知识获取、信息解释、组织记忆作用于子公司业务范围，仅通过信息扩散部分影响子公司业务范围。

内部嵌入性通过组织学习影响子公司能力水平说明组织学习促进了子公司能力水平的提升，在子公司发展中发挥着重要作用。组织学习通过知识获取促进了知识在组织内的存储和积累，通过学习机制促进了组织知识的明晰化和应用，促进组织能力的发展和更新。外部嵌入性并非通过组织学习作用于子公司业务范围，说明东道国环境对子公司业务范围有着更加重要的影响，子公司所从事的业务范围直接受到东道国的市场需求、政府政策、文化环境等因素的影响。

8.1.5 子公司所在产业对嵌入性与组织学习关系具有调节作用

子公司嵌入性对组织学习具有重要的影响。具体而言，子公司内部嵌入性通过与跨国公司内部各单位的紧密联系以及防范机会主义行为的网络规范的形成而促进了子公司的组织学习。子公司外部嵌入性通过与当地顾客、供应商、竞争者、政府等的相互作用以及约束网络成员的管理机制的形成而促进了子公司的组织学习。赵和罗（Zhao and Luo，2005）认为组织知识包括描述性知识和过程性知识，描述性知识主要指显性的事实类知识，例如，数据和事实类信息（类似 know-what 知识），而过程性知识主要指那些反映事情是如何发生和进行的知识（类似 know-how 知识）。如果按照此类知识分类分析，那么可以认为内部嵌入性使子公司更多地获得了过程性知识，而外部嵌入性使子公司更多地获得了描述性知识。这也进一步解释和证实了内部嵌入性促进子公司能力水平提升，外部嵌入性促进子公司业务范围扩大的研究结论。

产业是影响嵌入性和组织学习关系的重要权变因素。具体而言，产业属性负向调节了内部嵌入性与组织学习的关系。这说明，高技术产业技术先进，竞争激烈，所以高科技产业中的跨国公司技术保护严格，内部嵌入性对组织学习的作用并没有显著增加。相反，传统产业知识和技术密集度低，所以传统产业中的跨国公司技术保护相对宽松，内部嵌入性对组织学习的作用更强。产业属性对外部嵌入性与组织学习的关系没有显著的调节作用。这说明产业不会改变外部嵌入性对组织学习的作用关系。也就是说，在不同产业经营的子公司都需要与当地的顾客、供应商、竞争者和政府等进行相互作用，进而促进子公司的组织学习。因此，产业对于外部嵌入性与组织学习关系没有显著影响。

8.1.6 子公司主导行为对嵌入性与组织学习关系具有调节作用

子公司主导行为也是影响嵌入性与组织学习关系的重要权变因素。具体而言，子公司主导行为正向调节外部嵌入性与组织学习的关系，而对内部嵌入性与组织学习的关系没有显著的调节作用。究其原因，子公司在跨国公司内部主导行为的发挥受到跨国公司控制系统的影响，也就是说，跨国公司控制系统对子公司内部主导行为的发挥具有抑制作用，因此导致子公司主导行为对内部嵌入性与组织学习的关系没有显著的影响。相反，子公司在东道国的主导行为相对远离跨国公司内部系统的控制，再加上子公司通常被赋予一定的经营自主权，因此主导行为对外部嵌入性与组织学习的关系有显著的正向调节作用。

8.2 主要特色、创新点与理论贡献

8.2.1 主要研究特色

本书借鉴现有研究成果，力求突破创新，与以往研究相比具有鲜明的特

色，主要表现在：第一，以网络嵌入为逻辑主线，通过分析网络嵌入的前因后果变量，构建出主导行为—网络嵌入—组织学习—子公司发展的理论模型。第二，将内部嵌入性与外部嵌入性同时纳入分析框架，有助于加深对子公司嵌入性的全面认识。第三，引入组织学习的过程模型，以过程视角研究组织学习与主导行为、网络嵌入、子公司发展之间的因果关系和内在作用机制。第四，突破现有主要从能力维度研究子公司发展的局限，以业务范围和能力水平两个维度刻画子公司发展，使子公司发展的测度更为全面和准确。第五，开展对子公司发展的大样本实证研究，有助于检验和丰富现有子公司发展理论。第六，以跨国公司在中国子公司为研究样本。现有子公司理论主要以发达国家子公司为研究对象。中国既是发展中国家，又是新兴经济体，同时也是转型经济国家，以跨国公司在中国子公司为研究对象丰富了子公司的研究情境，并有助于得出新的发现和结论。

8.2.2 主要创新点与理论贡献

本书紧跟国际学术研究前沿，结合企业经营实际，注重理论创新与实践应用。本书可能的创新点和理论贡献体现在如下方面：

8.2.2.1 揭示了主导行为对网络嵌入的作用关系

现有关于子公司嵌入的研究，主要是把嵌入性作为解释变量，分析其对企业创新、绩效、竞争优势、知识转移、企业成长等方面的影响，很少有研究把嵌入性作为被解释变量，研究哪些因素影响嵌入性、嵌入性的来源等问题。

现有关于子公司主导行为的研究也认为网络嵌入是子公司主导行为的前因变量，其基本逻辑是子公司在网络中识别了机会、获得了资源，因此开展主导行为。这在一定程度上偏离了子公司主导行为的定义：主导行为是子公司前摄地、主动地开展的创业行为。

基于对子公司主导行为和子公司嵌入理论的分析，本书提出了两者之间关系的新逻辑，即子公司想要开展主导行为，才增加网络嵌入，以识别机会、获取资源。因此，主导行为影响了子公司网络嵌入，主导行为是子公司嵌入性的前因变量，并通过经验数据验证了两者之间的因果逻辑关系。这样不仅厘清了主导行为与网络嵌入之间的因果关系，而且揭示了网络嵌入的来源和影响因素。

8.2.2.2 揭示了嵌入性与子公司发展的内在关系

现有关于子公司发展的研究往往从母公司层面、子公司层面、东道国层面选取相关要素，考察其对子公司发展的影响。所考察的影响因素各不相同，相对分散，缺乏系统性和逻辑性，而且会陷入无法穷尽的困境，导致各种因素与子公司发展的关系并不清晰。现有关于子公司发展的研究侧重于对子公司绩效和能力的单维度考察，而实际上子公司发展不仅仅体现在能力的提高，也体现在业务范围的扩大。

本书跳出以往研究思路的束缚，从嵌入性的新视角考察嵌入性对子公司发展的作用关系以及不同嵌入性对子公司发展的不同作用。具体而言，本书区分了内部嵌入性与外部嵌入性，从业务范围和能力水平两个维度考察子公司发展，在理论推演的基础上用实证数据验证两种嵌入性对子公司发展的作用关系。结果发现，内部嵌入性能够促进子公司能力水平的提升，外部嵌入性能够促进子公司业务范围的扩大，从而揭示出嵌入性对子公司发展具有不同的作用。

跨国公司网络组织的研究表明，跨国公司子公司实际上是嵌入在内、外两个网络中。子公司在内、外部网络中的嵌入性是子公司的本质属性。从子公司的本质属性出发研究子公司发展问题，有助于挖掘子公司发展的内在规律。子公司在内、外部网络中的嵌入性反映着子公司的战略。内部嵌入性对应于全球化战略，外部嵌入性对应于当地化战略。与以往研究过分关注不同层面因素对子公司发展影响的研究不同，本书从子公司战略层面研究了嵌入性对子公司发展的影响，不仅阐明了嵌入性对子公司发展的影响，也阐明了子公司的两种基本战略——全球化和当地化对子公司发展的影响。

8.2.2.3 揭示了主导行为对子公司发展的作用机制

现有研究建立了主导行为与子公司发展的直接联系，包括主导行为与子公司业务范围、主导行为与子公司能力水平之间的关系，但并未阐明主导行为对子公司发展的作用机制。

本书在相关理论的基础上，构建了主导行为通过组织学习影响子公司发展的中介作用路径，并运用大样本数据进行检验。结果发现，组织学习在主导行为与能力水平之间发挥中介作用，不在主导行为与业务范围之间发挥中介作用，从而揭示出组织学习在主导行为与子公司发展关系中的复杂内在作用机理。

8.2.2.4 揭示了嵌入性对子公司发展的作用机理

本书深入挖掘嵌入性对子公司发展的作用机理，在理论推演的基础上运用实证数据检验组织学习及其过程在嵌入性与子公司发展之间的中介效应。结果发现，内部嵌入性经由组织学习及其四个维度知识获取、信息扩散、信息解释、组织记忆作用于子公司能力水平，而除信息扩散外，在外部嵌入性与子公司业务范围之间不存在着组织学习的中介效应，从而揭示出内部嵌入性和外部嵌入性对子公司发展的作用机理不同。

以往关于嵌入性与企业能力的研究中未能有效揭示嵌入性对企业能力的作用路径和机制。本书借鉴相关研究成果进行理论推导，并用实证数据验证了组织学习，尤其是组织学习过程在嵌入性与企业能力之间的中介效应，有效揭示了嵌入性对企业能力的作用路径和机理。因此本书的研究不仅有助于认识嵌入性对子公司发展的作用机制，而且有助于弥补嵌入性与企业能力文献中的缺陷。

8.2.2.5 揭示了不同权变因素对嵌入性与组织学习关系的影响

以往关于组织学习的研究中，要么单独考察组织内学习，要么单独考察组织间学习。而对于跨国公司来说，组织内学习和组织间学习同时存在，单独考察其中一种学习无益于揭示组织学习的全貌。与先前研究不同的是，本书同时考察了跨国公司子公司的组织内学习和组织间学习，子公司通过内部嵌入性而学习属于组织内学习，通过外部嵌入性而学习属于组织间学习。

一直以来，嵌入性与组织学习之间关系缺少实证数据的检验，实证研究并不多见。与现有研究不同的是，本书在跨国公司子公司情境下对嵌入性与组织学习关系进行了大样本实证检验，结果发现内部嵌入性和外部嵌入性对组织学习都有显著的作用，进一步诠释并检验了嵌入性对组织学习的作用关系。

在此基础上，本书研究了不同权变因素对嵌入性与组织学习关系的影响。具体而言，本书首先把子公司所在产业作为权变因素纳入嵌入性与组织学习的分析框架，考察并检验其调节作用。结果发现，子公司所在产业在内部嵌入性与组织学习之间发挥负向调节作用，即在传统产业子公司内部嵌入性对组织学习的作用更强。然后，本书把子公司主导行为作为权变因素纳入嵌入性与组织学习的分析框架，考察并检验其调节作用。结果发现，子公司主导行为在外部嵌入性与组织学习之间发挥正向调节作用，即子公司主导行为越高，子公司外部嵌入性对组织学习的作用更强。因此，本书进一步深化了嵌入性与组织学习的相关研究，弥补了现有研究忽视权变因素对嵌入性与组织学习关系影响的缺陷，并启发未来研究进一步探索重要权变因素对嵌入性与组织学习关系的作用。

8.3 理论与实践启示

8.3.1 理论启示

8.3.1.1 主导行为在子公司发展中的作用

主导行为是影响子公司网络嵌入和组织学习的重要变量，也是促进子公司发展的重要因素。主导行为不仅能够促进子公司业务范围扩大，也能够促进子公司能力水平提升。这说明在子公司发展的研究中应该重视主导行为的作用，并深入挖掘主导行为对子公司发展的作用机理。

8.3.1.2 网络嵌入在子公司发展中的作用

子公司发展的研究表明子公司发展受到母公司、子公司、东道国三个层面的各种因素及它们之间相互作用的影响。本书的研究表明，除了上述因素的影响外，嵌入性也是影响子公司发展的重要因素：内部嵌入性有利于子公司能力水平的提升，外部嵌入性有利于子公司业务范围的扩大。这启发未来研究进一步关注嵌入性对子公司发展的影响以及嵌入性对子公司发展的作用机理。

8.3.1.3 组织学习过程在子公司发展中的作用

组织学习不仅能够直接影响子公司发展，而且在主导行为与子公司能力水平之间、在内部嵌入与子公司能力水平之间发挥中介作用，说明组织学习对于子公司发展，尤其是子公司能力水平的提高至关重要。在子公司发展和子公司能力的研究中应该更多地关注组织学习以及组织学习过程的作用。

8.3.2 实践启示

8.3.2.1 发挥主导行为的重要作用

本书的研究表明子公司主导行为对组织学习、子公司发展具有显著的促进作用。因此对于母公司来说，应该转变对子公司主导行为的抵制态度，以更加开放的态度对待子公司的主导行为，并形成必要的系统和机制评价主导行为的合理性。子公司应该具有创业精神，善于发现机会，勇于承担风险，提高自身能力，建立可信赖的名声，促进主导行为的实施。

8.3.2.2 有效管理子公司嵌入性

本书的研究表明嵌入性是影响子公司发展的重要因素，不同的嵌入性对子公司发展的作用不同：内部嵌入性有利于促进子公司能力水平的提高，外部嵌入性有利于促进子公司业务范围的扩大。

母公司可以管理子公司发展。很多研究表明母公司是影响子公司发展的重要因素（Birkinshaw and Hood，1998；Paterson and Brock，2002；Dorrenbacher and Gammelgaard，2006）。这意味着母公司可以根据自身的战略需要采取适当的政策促进和限制子公司发展。母公司可以通过对子公司的控制、绩效评价标准等影响子公司的内部和外部嵌入性（Andersson and Forsgren，1996；Andersson et al.，2005），进而影响子公司的发展。

子公司可以选择不同的嵌入性促进子公司发展。子公司可以根据自身的战略和定位相机选择适合的嵌入性和适当的嵌入程度，促进子公司发展。如果子公司想要促进自身能力的提升，应该选择增加内部嵌入性，对应于全球化战略。如果子公司想要促进自身业务范围的扩大，应该选择增加外部嵌入性，对应于多国化战略。子公司可以选择同时兼顾能力水平和业务范围，同时增加内部嵌入性和外部嵌入性，对应于跨国化战略。子公司也可以选择暂时不发展，维持现在的嵌入性，对应于国际化战略。

东道国可以通过适当的措施促进子公司发展。东道国可以通过优惠的政策、基础设施的改善、投资环境的优化等加强子公司的外部嵌入性，进而促进子公司的发展。

8.3.2.3 加强组织学习

本书的研究表明，组织学习能够促进子公司业务范围的扩大和能力水平的提升，而且主导行为经由组织学习作用于子公司能力水平，内部嵌入性也经由组织学习作用于子公司的能力水平。这说明组织学习对于子公司的发展、能力的提升、竞争优势的获取等都具有非常重要的意义。因此，子公司应该建立学习、创新的文化，形成自由、开放的氛围，加强对知识的获取、传播、共享和应用，把自己打造成为学习型组织。

8.3.2.4 科学选择子公司发展战略

本书的研究表明，内部嵌入有助于子公司提升能力水平，外部嵌入有助于子公司扩大业务范围，组织学习在主导行为与能力水平之间发挥中介作用，在内部嵌入与能力水平之间发挥中介作用。因此，子公司应该明确其发展的方向，是提高能力还是扩大范围，根据其发展方向选择合适的嵌入战略。如果是提高能力，那么子公司需要增加内部网络嵌入，加强组织学习；如果是扩大范围，那么子公司应该增加外部网络嵌入。

8.4 局限性与未来研究方向

8.4.1 研究的局限性

虽然本书得出了一些有价值的结论，并具有理论和实践贡献，虽然笔者在整个研究过程中始终抱着严谨的态度和求实的精神，极力避免各种影响研究结论的偏差，但是由于主观和客观条件的限制，研究中仍然存在一些局限和不足，需要在以后的研究中逐步克服和完善。

第一，问卷调查的局限。由于对跨国公司进行问卷调查的异常艰难性，以及时间与经费上的限制，本书并没有采取随机抽样原则开展调查，而是借助于朋友关系进行的一种便利性抽样。并且，尽管样本量达到了变量数量要求，但总量仍不是很高，这些因素都可能在一定程度上影响到研究的外部效度。

第二，单一数据来源的局限。研究的多个数据来源有助于数据之间的相互验证，提高研究的信度和效度。由于上述开展调查研究的困难，本书主要采用对跨国公司子公司问卷调查的单一数据来源，而且问卷调查依赖于跨国公司在华子公司中的人员对子公司嵌入性、组织学习、能力水平的评价。跨国公司总部的组织成员可能对子公司嵌入性、组织学习、能力水平有不同的评价。

第三，对子公司主导行为的单问题测度。子公司主导行为是一个复杂的概念。尽管目前对子公司主导行为的测度并不成熟，但对其进行单问题测度难免存在局限。

8.4.2 未来研究方向

第一，探索不同类型的嵌入性对子公司发展的影响。嵌入性包括不同的类型，本书重点探讨了关系嵌入性对子公司发展的复杂作用机制，未来可以进一步研究其他类型的嵌入性，以及不同类型嵌入性的相互作用对子公司发展的影响。

第二，探索内部嵌入性与外部嵌入性之间的平衡和协调。内部嵌入性和外部嵌入性类似于马奇（March，1991）所提出的开发与探索之间的关系。如何取得内部嵌入性与外部嵌入性的平衡与协调，即解决二元性悖论（paradox）问题仍然不甚清楚，需要进一步的研究。

第三，继续修正并完善变量的测度量表，对变量进行更科学的测度。艾尔·巴比（2005）曾指出变量的操作化永无止境。在管理研究中，对一个重要概念的定义和测量，经常需要随着我们对所研究现象认识的深入而不断地进行修改、以臻完善（陈晓萍等，2008）。在未来研究中，需要继续以现有量表为基础，系统梳理相关文献，结合专家访谈、探测性调查等手段对量表进行反复的修正与完善。同时，采用更科学的测量指标测度子公司主导行为。

第四，增加样本容量，增加数据来源。未来研究可以进一步拓展调查区域，增加样本容量，同时增加数据来源以便数据之间的相互印证，进一步检验主导行为与子公司发展的复杂作用机理。

第五，纵向研究已经成为重要的研究设计思路。纵向研究有助于明确各变量的时间顺序，洞察变量之间的因果关系。由于条件所限，本书未能采用纵向研究设计开展研究。在将来的研究中，可以尝试开展此方面的研究工作，以便更深入地洞察子公司发展的本质。

第六，采用多种研究方法，进一步剖析和验证本书的一些命题和结论。每一种研究方法都有优点和缺点。本书主要采用定量的统计分析方法，未来研究应更多地结合定性研究方法如案例研究、扎根理论等对研究问题进行深入剖析，洞察问题的本质，使理论研究更扎实。

附　　录

调 查 问 卷

尊敬的先生、女士：

本人是哈尔滨理工大学经济与管理学院副教授，正在从事国家自然科学基金项目的研究。研究的主题是子公司发展，目的是探讨跨国公司在华子公司发展的影响因素及内在机制，以便能够为母公司、子公司管理者、东道国政府对子公司的管理提供政策和建议。为了从事研究，设计了本问卷，衷心地希望您支持我们的研究，填答本问卷。

您的回答没有对错之分，请您根据实际感受作答即可。问卷资料纯粹为学术研究，不用于任何其他用途。所收集的资料只做整体样本的分析，不涉及个案。我们承诺在任何时候都不公开问卷的信息，敬请放心填答。

如果您对本研究感兴趣，我们会将最终的研究成果用邮件的形式呈送给您，同您共享！如果您有任何问题可以通过如下方式与我们联系。

联系方式（略）。

感谢您的协助与支持！

哈尔滨理工大学

蒲明

博士/副教授

【名词说明】

子公司，是指跨国公司以独资或合资方式在中国设立的从事生产经营活动的公司，即您现在所在的公司。

母公司，是指贵公司的总部公司。

其他子公司，是指与贵公司同属于一个跨国公司，位于中国和其他国家的子公司。

当地业务关系，是指子公司与中国国内的顾客、供应商、竞争者或其他利益相关者的关系。跨国公司内业务关系，是指子公司与母公司和母公司下属的其他子公司间的关系。

第一部分

以下各题请在横线上做答或在相应选项的“□”上打“√”，8、9题中的“1”分到“7”分程度逐渐加深，请在相应分数上打“√”。

1. 子公司名称：________________。

2. 子公司成立于________________年。

3. 子公司的总部（母公司）位于____________国家（地区）。

4. 子公司的股权性质：　□外方控股　□中方控股

子公司股权结构：母公司占____________%。

5. 子公司员工的总数为：____________人。

6. 子公司所属的行业：

□食品、饮料、农副品	□纺织、服装、鞋帽	□木材、家具
□制药	□造纸、印刷	□文教体育用品
□石油、化工	□金属、非金属	□交通运输设备
□专用、通用设备制造	□电气机械及器材	
□通信设备、计算机、电子	□其他行业____________	

7. 跨国公司内部是否存在着资源分配的竞争（如各子公司在争取母公司的投资项目上存在竞争）。

□是　　　□否

8. 母公司的集权程度（即经营管理权限集中在母公司的程度）。

很低　1　2　3　4　5　6　7　很高

9. 子公司善于发现新机会，并做出反应的程度（包括产品的修正、新产品开发、过程的创新、主动争取跨国公司内部方案、组织流程的变动、营销活动的创新等），但此种行为不是母公司规定子公司必须执行的。

很低　1　2　3　4　5　6　7　很高

10. 您在子公司中的职务等级属于：

□总经理　　□部门经理　　□基层主管　　□普通员工　　□其他

第二部分

以下各题“1”分到“7”分程度逐渐加深，请在相应分数上打“√”。

11. 子公司最重要的当地业务关系导致子公司在产品技术方面适应的程度。

非常小　1　2　3　4　5　6　7　非常大

12. 子公司最重要的当地业务关系导致子公司在制造技术方面适应的程度。

非常小　1　2　3　4　5　6　7　非常大

13. 子公司最重要的当地业务关系导致子公司在标准操作程序方面适应的程度。

非常小　1　2　3　4　5　6　7　非常大

14. 子公司最重要的当地业务关系导致子公司在业务行为（即从事业务的方式）方面适应的程度。

非常小　1　2　3　4　5　6　7　非常大

15. 子公司最重要的跨国公司内业务关系导致子公司在产品技术方面适应的程度。

非常小　1　2　3　4　5　6　7　非常大

16. 子公司最重要的跨国公司内业务关系导致子公司在制造技术方面适应的程度。

非常小 1 2 3 4 5 6 7 非常大

17. 子公司最重要的跨国公司内业务关系导致子公司在标准操作程序方面适应的程度。

非常小 1 2 3 4 5 6 7 非常大

18. 子公司最重要的跨国公司内业务关系导致子公司在业务行为（即从事业务的方式）方面适应的程度。

非常小 1 2 3 4 5 6 7 非常大

第三部分

以下各题"1"分到"7"分程度逐渐加深，请在相应分数上打"√"。

19. 子公司鼓励员工通过各种渠道从公司内部（母公司和其他子公司）获取知识。

完全不同意 1 2 3 4 5 6 7 完全同意

20. 子公司鼓励员工通过各种渠道从公司外部（中国市场）获取知识。

完全不同意 1 2 3 4 5 6 7 完全同意

21. 子公司激励员工进行"干中学"，即在实践中积累经验，获取知识。

完全不同意 1 2 3 4 5 6 7 完全同意

22. 子公司从财力和其他资源上鼓励企业的研发活动。

完全不同意 1 2 3 4 5 6 7 完全同意

23. 子公司内部同级部门之间经常进行信息交流。

完全不同意 1 2 3 4 5 6 7 完全同意

24. 子公司上下级部门之间经常进行交流活动。

完全不同意 1 2 3 4 5 6 7 完全同意

25. 子公司文化鼓励企业内部员工之间的信息交流。

完全不同意 1 2 3 4 5 6 7 完全同意

26. 子公司高层领导经常强调企业内部信息交流的重要性。

完全不同意 1 2 3 4 5 6 7 完全同意

27. 子公司的组织结构有利于企业内部的信息交流。

完全不同意 1 2 3 4 5 6 7 完全同意

28. 子公司员工对公司的愿景或战略目标有比较一致认同。

完全不同意 1 2 3 4 5 6 7 完全同意

29. 子公司鼓励不同部门和员工对新信息达成一致理解。

完全不同意 1 2 3 4 5 6 7 完全同意

30. 子公司各部门具有足够的能力理解新信息。

完全不同意 1 2 3 4 5 6 7 完全同意

31. 子公司高层领导经常强调保存已获的各种新信息，以便日后可能的需要。

完全不同意 1 2 3 4 5 6 7 完全同意

32. 子公司的信息检索工具和方法有利于知识查询。

完全不同意 1 2 3 4 5 6 7 完全同意

33. 子公司具有完善的基于计算机基础的知识储存系统。

完全不同意 1 2 3 4 5 6 7 完全同意

第四部分

以下各题请首先选择“是”或“否”，如选择“是”，请继续回答方框中的问题，“1”分到“7”分程度逐渐加深，请在相应分数上打“√”。

34. 子公司是否从事研究活动（注：研究是指基础研究和应用研究。基础研究指探索新的规律、创造新的学术性知识的活动，没有任何商业目的。应用研究指为特定的实际应用而取得新知识的实验、研究）。

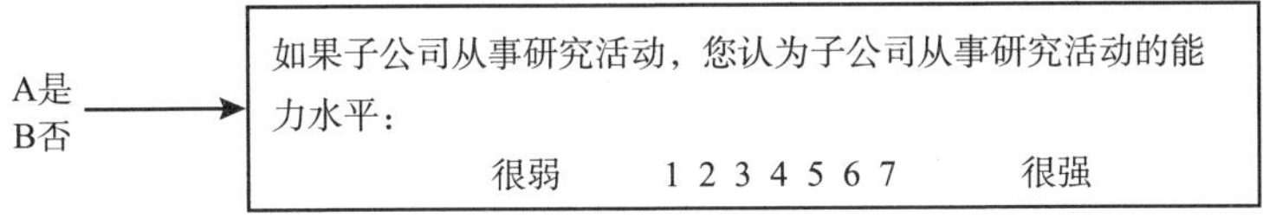

35. 子公司是否从事开发活动（注：开发是指利用基础研究、应用研究成果或经验而进行的生产新材料、新产品、新装置、建立新的工艺或系统的工作）。

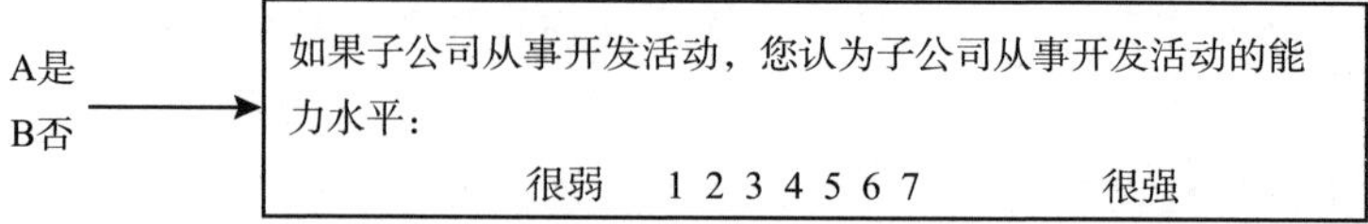

36. 子公司是否从事产品或服务的生产活动。

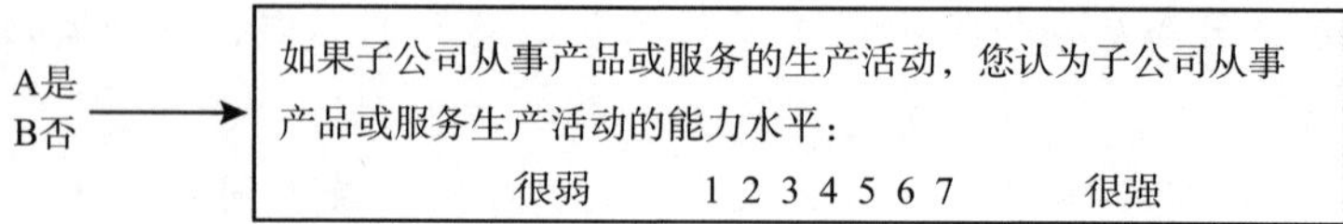

37. 子公司是否从事营销或销售活动。

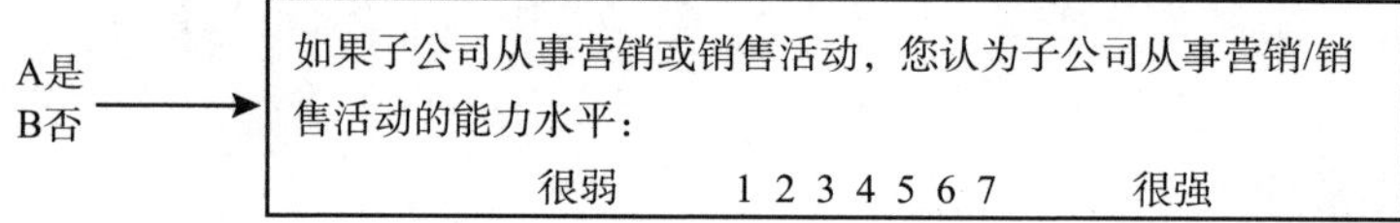

38. 子公司是否从事物流或分销活动（注：分销是指企业将产品从生产者手中，按照一定的渠道，销售到客户手中的过程）。

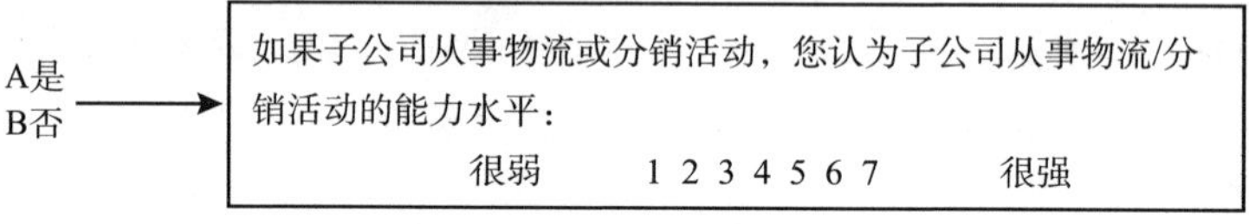

39. 子公司是否从事购买活动（如购买原材料、零部件）。

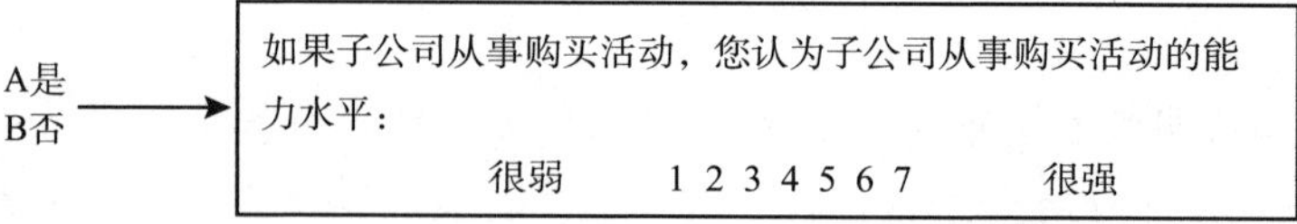

40. 子公司是否从事人力资源管理活动。

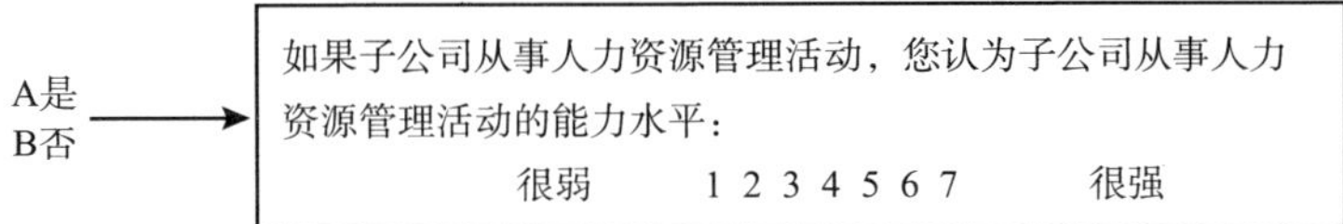

问卷到此结束，再次感谢您的大力支持！

若需要本研究成果，请提供联系方式：

公司名称：________________________________

联系人：____________电话：____________ Email：____________

参考文献

[1] 艾尔·巴比．社会研究方法基础（第八版）[M]．邱泽奇，译．北京：华夏出版社，2005.

[2] 蔡继荣．"以市场换技术"IJV 的技术溢出预期及其悖论 [J]．经济问题，2008（12）：18－20.

[3] 陈彪，蔡莉，陈琛，陈刚．新企业创业学习方式研究——基于中国高技术企业的多案例分析 [J]．科学学研究，2014，32（3）：392－399.

[4] 陈国权，马萌．组织学习的过程模型研究 [J]．管理科学学报，2000，3（3）：15－23.

[5] 陈颉．基于知识观的创业机会开发模式研究 [J]．科技进步与对策，2006（5）：168－170.

[6] 陈文沛．关系网络与创业机会识别：创业学习的多重中介效应 [J]．科学学研究，2016，34（9）：1391－1396.

[7] 陈晓萍，徐淑英，樊景立．组织与管理研究的实证方法 [M]．北京：北京大学出版社，2008.

[8] 陈志军，王宁．子公司主导行为过程中的网络互动与产出分析 [J]．理论学刊，2015（4）：46－53.

[9] 丁岳枫．创业组织学习与创业绩效关系研究 [D]．杭州：浙江大学，2006.

[10] 窦红宾，王正斌．网络结构对企业成长绩效的影响研究——利用性学习、探索性学习的中介作用 [J]．南开管理评论，2011，14（3）：15－

25.

［11］杜传文，林枫．基于组合视角的跨国子公司创业导向与绩效的实证研究［J］．国际贸易问题，2012（8）：48－56.

［12］杜健，周超．母国网络关系嵌入性与企业跨国动态能力——来自中国的经验证据［J］．外国经济与管理，2018，40（4）：43－55.

［13］葛京，杨莉，李武．跨国企业集团管理［M］．北京：机械工业出版社，2002.

［14］郭志刚．社会统计分析方法——SPSS 软件应用［M］．北京：中国人民大学出版社，1999.

［15］胡望斌，张玉利，牛芳．我国新企业创业导向、动态能力与企业成长关系实证研究［J］．中国软科学，2009（4）：107－118.

［16］胡望斌，张玉利．新企业创业导向转化为绩效的新企业能力：理论模型与中国实证研究［J］．南开管理评论，2011，14（1）：83－95.

［17］黄海昕．主导行为、网络嵌入与子公司成长研究［D］．天津：南开大学，2013.

［18］黄江圳，董俊武．动态能力的建立与演化机制研究［J］．科技管理研究，2007（8）：9－11.

［19］黄曼丽，蓝海林．从同质观到异质观：跨国公司子公司理论发展综述［J］．预测，2006，25（3）：1－6.

［20］江积海．动态能力与企业成长［M］．北京：经济管理出版社，2007.

［21］姜骞，唐震．组织间网络、资源整合与 SMEs 战略适应能力［J］．技术经济与管理研究，2016（9）：62－66.

［22］焦豪．双元型组织竞争优势的构建路径：基于动态能力理论的实证研究［J］．管理世界，2011（11）：76－91.

［23］金鑫．基于内外部网络嵌入的海外子公司能力发展贡献研究［D］．上海：复旦大学，2006.

［24］李剑力．创新方式选择与企业绩效关系实证研究——基于探索与开发理论视角［D］．天津：南开大学，2008.

［25］李杰义，曹金霞，刘裕琴．双重网络嵌入性、吸收能力对创新绩

效的影响研究——基于258家跨国制造企业的面板数据［J］. 华东经济管理，2018，32（3）：134－140.

［26］李璟琰，焦豪. 创业导向与组织绩效间关系实证研究：基于组织学习的中介效应［J］. 科研管理，2008，29（5）：35－41.

［27］李玲. 资源异质性、组织间依赖对企业网络能力的影响研究［J］. 科技管理研究，2010（18）：115－118.

［28］李守波. 高技术产业与传统产业融合发展研究［J］. 当代经济，2006（3下）：61－62.

［29］李兴旺. 动态能力理论的操作化研究：识别、架构与形成机制［M］. 北京：经济科学出版社，2006.

［30］李秀林. 高技术产业与传统产业融合发展的分析与对策［J］. 社会科学辑刊，2006（5）：106－110.

［31］李雪玲，常玉. 市场知识与技术知识协同创新研究［J］. 现代制造工程，2009（9）：28－31.

［32］李元旭，王宇露. 东道国网络结构、位置嵌入与海外子公司网络学习——基于123家跨国公司在华子公司的实证［J］. 世界经济研究，2010（1）：63－67.

［33］李正卫. 动态环境条件下的组织学习与企业绩效［D］. 杭州：浙江大学，2003.

［34］联合国贸易与发展会议. 2003年世界投资报告——促进发展的外国直接投资政策：国家与国际展望［M］. 冼国明，译. 北京：中国财政经济出版社，2005.

［35］林聚任，刘玉安，泥安儒. 社会科学研究方法［M］. 济南：山东人民出版社，2004.

［36］刘海云. 跨国公司经营优势变迁理论与实证研究［D］. 武汉：华中科技大学，1999.

［37］刘佳，李新春. 创业机会开发：理论前沿与研究动态［J］. 学术界，2013（12）：216－225.

［38］刘井建. 创业学习、动态能力与新创企业成长支持模式研究［J］. 科学学与科学技术管理，2011，32（2）：127－132.

[39] 刘明霞．跨国公司逆向知识转移研究述评 [J]．管理学报，2012，9 (3)：356－363.

[40] 刘婷．服务业跨国公司网络研究——基于海外机构的网络嵌入性 [D]．上海：复旦大学，2006.

[41] 刘璇华，惠青山．组织创新与组织学习的互动关系探析 [J]．科技管理研究，2005 (8)：73－75.

[42] 卢纹岱．SPSS for Windows 统计分析 [M]．北京：电子工业出版社，2006.

[43] 马国庆．管理统计 [M]．北京：科学出版社，2002.

[44] 马鸿佳，葛宝山，汤浩瀚．科技型创业企业资源获取与动态能力关系的实证研究 [J]．科学学与科学技术管理，2008 (11)：139－143.

[45] 马杰，王杰，李淑霞．跨国公司经营战略学 [M]．哈尔滨：哈尔滨工业大学出版社，2002.

[46] 马一德，龙正平，范利民．公司创业行为下的战略变革模式 [J]．经济经纬，2007 (5)：96－99.

[47] 苗莉，何良兴．草根创业者社会网络对创业机会识别的影响及机理 [J]．财经问题研究，2015 (8)：117－123.

[48] 苗莉．基于企业内创业的企业持续成长研究 [J]．财经问题研究，2005 (2)：68－74.

[49] 欧阳康，张明仓．社会科学研究方法 [M]．北京：高等教育出版社，2001.

[50] 潘松挺．网络关系强度与技术创新模式的耦合及其协同演化 [D]．杭州：浙江大学管理学院，2009.

[51] 潘颖．传统产业技术改造的资金困境与融资研究 [D]．南宁：广西大学，2008.

[52] 彭伟，符正平．联盟网络、资源整合与高科技新创企业绩效关系研究 [J]．管理科学，2015，28 (3)：26－37.

[53] 蒲明，毕克新．内部嵌入性、学习过程与跨国子公司发展研究 [J]．中国软科学，2017 (4)：132－140.

[54] 蒲明，毕克新．内部嵌入性与跨国子公司成长能力关系的实证研

究［J］. 中国软科学，2013（8）：136－143.

［55］蒲明，孙德升. 创业者知识继承与衍生企业创生研究——基于创业要素的观点［J］. 科技与管理，2013，15（5）：49－53.

［56］蒲明. 创业者学习策略研究［J］. 成人教育，2015（5）：71－72.

［57］蒲明. 跨国公司归核化战略的理论探究与启示［J］. 对外经贸实务，2007a（12）：16－18.

［58］蒲明. 跨国公司研发全球化的战略思考［J］. 未来与发展，2009b（1）：29－31.

［59］蒲明. 跨国公司研发全球化趋势与挑战［J］. 对外经贸实务，2008b（5）：77－79.

［60］蒲明. 嵌入性、组织学习与跨国公司子公司发展的关系研究［D］. 天津：南开大学，2009a.

［61］蒲明. 衍生企业与母体企业竞争关系研究［J］. 经济管理，2008a，30（6）：4－10.

［62］蒲明. 组织即兴、组织学习和组织记忆三者关系的研究［J］. 科学学与科学技术管理，2007b（9）：154－157.

［63］秦伟，吴军，等. 社会科学研究方法［M］. 成都：四川人民出版社，2000.

［64］阮爱君，卢立伟，方佳音. 知识网络嵌入性对企业创新能力的影响研究——基于组织学习的中介作用［J］. 财经论丛，2014（3）：77－84.

［65］单标安. 基于中国情境的创业网络对创业学习过程的影响研究［D］. 长春：吉林大学，2013.

［66］苏金明，傅荣华，周建斌，等. 统计软件 SPSS 系列应用实战篇［M］. 北京：电子工业出版社，2002.

［67］隋静. 组织学习的原理、实施体系及评价研究［D］. 天津：天津大学，2005.

［68］台冰. 发展高技术与改造传统产业关系的哲学思考［J］. 高技术与产业化，2000（4）：3－6.

［69］唐春晖. 知识、动态能力与企业持续竞争优势［J］. 当代财经，2003（10）：68－70.

[70] 汪建康. 基于子公司主导行为的企业集团母子公司治理研究 [D]. 哈尔滨：哈尔滨工程大学，2007.

[71] 王崇举，唐学锋，庄志晖，等. 中国西部传统产业的高技术改造 [M]. 重庆：重庆出版社，2001.

[72] 王俭. 跨国公司 R&D 全球化的影响与对策 [J]. 山东社会科学，2004 (2)：50-52.

[73] 王京伦. 转型经济下的组织学习与组织绩效关系研究 [D]. 长春：吉林大学，2016.

[74] 王林，杨东涛，秦伟平. 基于组织学习视角的动态能力构成、特性和演化研究 [J]. 现代管理科学，2009 (11)：93-95.

[75] 王宁. 企业网络、组织学习对技术创新的作用关系研究 [D]. 长春：吉林大学，2013.

[76] 王倩. 社会网络对创业机会识别的影响：信息获取的中介作用 [D]. 长春：吉林大学，2011.

[77] 王世权，王丹，武立东. 母子公司关系网络影响子公司创业的内在机理——基于海信集团的案例研究 [J]. 管理世界，2012 (6)：133-146.

[78] 王宇露. 海外子公司网络学习的构成与学习方式研究 [J]. 情报杂志，2009，28 (9)：140-145.

[79] 韦雪艳. 组织学习新模式及其影响机制：机会识别视角 [J]. 科技进步与对策，2008，25 (4)：144-147.

[80] 卫海英. SPSS 10.0 for Windows 在经济管理中的应用 [M]. 北京：中国统计出版社，2000.

[81] 魏江，焦豪. 创业导向、组织学习与动态能力关系研究 [J]. 外国经济与管理，2008，20 (2)：36-41.

[82] 魏江，徐蕾. 知识网络双重嵌入、知识整合与集群企业创新能力 [J]. 管理科学学报，2014，17 (2)：34-47.

[83] 魏明. 基于全球学习与知识共享视角的跨国公司组织演进 [J]. 武汉大学学报（哲学社会科学版），2011，64 (6)：32-37.

[84] 温忠麟，侯杰泰，张雷. 调节效应与中介效应的比较和应用 [J]. 心理学报，2005，37 (2)：268-274.

[85] 温忠麟，张雷，侯杰泰，等．中介效应检验程序及其应用［J］．心理学报，2004，36（5）：614－620.

[86] 吴楠，赵嵩正，张小娣．关系嵌入性、组织间学习能力与技术创新绩效关系研究［J］．科技管理研究，2015（9）：167－172.

[87] 武立东，黄海昕．企业集团子公司主导行为及其网络嵌入研究：以海信集团为例［J］．南开管理评论，2010，13（6）：125－137.

[88] 夏清华．新创企业的成长：产业机会、行为资源与创业学习［J］．经济管理，2008，30（3）：36－41.

[89] 谢洪明，葛志良，王成．社会资本、组织学习与组织创新的关系研究［J］．管理工程学报，2008，22（1）：5－10.

[90] 谢慧娟，王国顺．社会资本、组织学习对物流服务企业动态能力的影响研究［J］．管理评论，2012，24（10）：133－142.

[91] 谢慧娟．社会资本、组织学习对物流服务企业动态能力的影响研究［D］．长沙：中南大学，2013.

[92] 熊彼特．经济发展理论［M］．北京：商务印书馆，1990.

[93] 徐梅鑫，刘祯．母子公司控制与子公司自主行为关系研究［J］．科技管理研究，2012（23）：241－243.

[94] 薛求知，侯仕军．跨国公司子公司创业创新精神分析——内部化和网络化视角下的考察［J］．当代财经，2005（9）：58－63.

[95] 薛求知．当代跨国公司新理论［M］．上海：复旦大学出版社，2008.

[96] 薛薇．SPSS 统计分析方法及应用［M］．北京：电子工业出版社，2004.

[97] 薛薇．统计分析与 SPSS 的应用［M］．北京：中国人民大学出版社，2001.

[98] 阎海峰，关涛．基于组织学习视角的跨国公司行为新解［J］．外国经济与管理，2006，28（10）：34－42.

[99] 杨桂菊．跨国公司子公司角色演化机制研究［D］．杭州：浙江大学，2004.

[100] 杨俊．社会资本、创业机会与新企业初期绩效——基于关键要素

互动过程视角的实证研究［D］. 天津：南开大学，2008.

［101］叶庆祥. 跨国公司本地嵌入——理论、实证与政策选择［M］. 杭州：浙江大学出版社，2008.

［102］袁晶晶. 社会网络、资源整合与新创企业绩效关系研究［D］. 重庆：西南政法大学，2012.

［103］原毅军. 跨国公司管理［M］. 大连：大连理工大学出版社，1999.

［104］曾国军. 跨国公司在华子公司战略角色演变的影响因素与路径：以业务范围和竞争能力为框架［J］. 管理学报，2006，3（6）：692－696.

［105］曾志弘. 多国籍企业子公司自主权与主导行为影响因素之研究——以多国籍企业在台子公司为例［D］. 高雄：台湾中山大学，2001.

［106］张浩，孙新波. 网络嵌入视角下创业者外部社会资本对创业机会识别的影响研究［J］. 科学学与科学技术管理，2017，38（12）：133－147.

［107］张慧. 关系嵌入对跨国子公司创业导向的影响机制研究——以跨国公司在华子公司为例［D］. 杭州：浙江大学，2007.

［108］张婧. 市场导向、创新、组织学习和组织绩效的关系研究［J］. 科技管理研究，2005（4）：49－51.

［109］张玉利，李乾文. 公司创业导向、双元能力与组织绩效［J］. 管理科学学报，2009，12（1）：137－152.

［110］赵福厚. 试论跨国公司子公司竞争优势的内外部来源及其相互关系［J］. 现代财经，2007，27（10）：31－35.

［111］赵景华，于鹏. 跨国公司海外子公司的理论新发展［J］. 经济管理，2005（10）：19－24.

［112］赵景华. 跨国公司在华子公司成长与发展战略的实证研究［J］. 管理世界，2002（10）：93－101.

［113］赵云辉，崔新建. 双重网络嵌入、知识来源与跨国公司知识转移绩效的关系［J］. 技术经济，2016，35（5）：62－68.

［114］周浩，龙立荣. 共同方法偏差的统计检验与控制方法［J］. 心理科学进展，2004，12（6）：942－950.

［115］Aiken L S，West S G. Multiple regression：Testing and interpreting interactions [M]. Newbury Park, CA: Sage, 1991.

[116] Ambos T C, Andersson U, Birkinshaw J. What are the consequences of initiative-taking in multinational subsidiaries? [J]. Journal of International Business Studies, 2010, 41 (7): 1099 - 1118.

[117] Ambos T C, Birkinshaw J. Headquarters' attention and its effect on subsidiary performance [J]. Management International Review, 2010, 50 (4): 449 - 469.

[118] Andersson U, Bjorkman I, Forsgren M. Managing subsidiary knowledge creation: The effect of control mechanisms on subsidiary local embeddedness [J]. International Business Review, 2005, 14 (15): 521 - 538.

[119] Andersson U, Forsgren M, Holm U. Balancing subsidiary influence in the federative MNC: A business network perspective [J]. Journal of International Business studies, 2007, 38 (5): 802 - 818.

[120] Andersson U, Forsgren M, Holm U. Subsidiary embeddedness and competence development in MNCs—A multi-level analysis [J]. Organization Studies, 2001, 22 (6): 1023 - 1034.

[121] Andersson U, Forsgren M, Holm U. The strategic impact of external networks: Subsidiary performance and competence development in the multinational corporation [J]. Strategic Management Journal, 2002, 23 (11): 979 - 996.

[122] Andersson U, Forsgren M. In search of centre of excellence: Network embeddedness and subsidiary roles in multinational corporations [J]. Management International Review, 2000, 40 (4): 329 - 350.

[123] Andersson U, Forsgren M. Subsidiary embeddedness and control in the multinational corporation [J]. International Business Review, 1996, 5 (5): 487 - 508.

[124] Ardichvili A, Cardozo R, Ray S. A theory of entrepreneurial opportunity identification and development [J]. Journal of Business Venturing, 2003, 18 (1): 105 - 123.

[125] Argris C, Schon D. Organizational learning: A theory of action perspective [M]. Reading, MenloPark: Addison - Wesley, 1978.

[126] Argyris C. Overcoming organization defenses: Facilitating organizational learning [M]. Needham: Allyn and Bacon, 1990.

[127] Asanuma B. Manufacturer-supplier relationships in Japan and the concept of relation-specific skill [J]. Journal of the Japanese and International Economies, 1989, 3 (1): 1 -30.

[128] Astley G, Sachdeva P. Structural sources of intraorganizational power: A theoretical synthesis [J]. Academy of Management Review, 1984, 9 (1): 104 -113.

[129] Barney J B. Firm resources and sustained competitive advantage [J]. Journal of Management, 1991, 17 (1): 99 -120.

[130] Barney J B. Looking inside for competitive advantage [J]. Academy of Management Executive, 1995, 9 (4): 49 -61.

[131] Bartlett C A, Ghoshal S. Managing across borders—The transnational solution [M]. Boston: Harvard Business School Press, 1989.

[132] Benito G R G, Garogaard B, Narula R. Environmental influences on MNE subsidiary roles: Economic integration and the Nordic countries [J]. Journal of International Business Studies, 2003, 34 (5): 443 -456.

[133] Benner M J, Tushman M L. Exploitation, exploration and process management: The productivity dilemma revisited [J]. Academy of Management Review, 2003, 28 (2): 238 -256.

[134] Birkinshaw J, Fry N. Subsidiary initiatives to develop new markets [J]. Sloan Management Review, 1998, 39 (3): 51 -61.

[135] Birkinshaw J, Hood N, Jonsson S. Buiding firm-specific advantages in multinational corporations: The role of subsidiary initiative [J]. Strategic Management Journal, 1998, 19 (3): 221 -241.

[136] Birkinshaw J, Hood N. An empirical study of development processes in foreign-owned subsidiaries in Canada and Scotland [J]. Management International Review, 1997, 37 (4): 339 -364.

[137] Birkinshaw J, Hood N. Characteristics of foreign subsidiaries in industry clusters [J]. Journal of International Business Studies, 2000, 31 (1): 141 -

154.

[138] Birkinshaw J, Hood N. Multinational subsidiary evolution: Capability and charter change in foreign-owned subsidiary companies [J]. Academy of Management Review, 1998, 23 (4): 773 –795.

[139] Birkinshaw J, Ridderstråle J. Fighting the corporate immune system: A process study of subsidiary initiatives in multinational corporations [J]. International Business Review, 1999, 8 (2): 149 –180.

[140] Birkinshaw J. Corporate entrepreneurship in network organizations: How subsidiary initiative drives internal market efficiency [J]. European Management Journal, 1998, 16 (3): 355 –364.

[141] Birkinshaw J. Entrepreneurship in multinational corporations: The characteristics of subsidiary initiatives [J]. Strategic Management Journal, 1997, 18 (3): 207 –229.

[142] Birkinshaw J. Entrepreneurship in the global firm [M]. London: Sage, 2000.

[143] Birkinshaw J. How multinational subsidiary mandates are gained and lost [J]. Journal of International Business Studies, 1996, 27 (3): 467 –495.

[144] Birkinshaw J. Taking the initiative: Value-added strategies for Canadian subsidiaries [J]. Business Quarterly, 1995, 59 (4): 97 –102.

[145] Birkinshaw J. The determinants and consequences of subsidiary initiative in multinational corporations [J]. Entrepreneurship Theory and Practice, 1999, 24 (1): 9 –36.

[146] Birkinshaw J. Foreign-owned subsidiaries and regional development: The case of Sweden [M]//Birkinshaw J, Hood N. Multinational corporate evolution and subsidiary development. Basingstoke: Macmillan Press, 1998.

[147] Blyler M, Coff R W. Dynamic capabilities, social capital, and rent appropriation: Ties that split pies [J]. Strategic Management Journal, 2003, 24 (7): 677 –686.

[148] Boland R J, Tenkasi R V. Perspective making and perspective taking in communities of knowing [J]. Organization Science, 1995, 6 (4): 350 –372.

[149] Bouquet C, Birkinshaw J. Weight versus voice: How foreign subsidiaries gain attention from corporate headquarters [J]. Academy of Management Journal, 2008, 51 (3): 577 -601.

[150] Bower J L. Managing the resource allocation process [M]. Homewood, IL: Irwin, 1970.

[151] Bradach J L, Eccles R G. Price, authority, and trust: From ideal types to plural forms [J]. Annual Review of Sociology, 1989, 15: 97 -118.

[152] Burgelman R A. A process model of internal corporate venturing in the diversified major firm [J]. Administrative Science Quarterly, 1983, 28 (2): 223 -244.

[153] Cangelosi V E, Dill W R. Organizational learning: Observations towards a theory [J]. Administrative Science Quarterly, 1965, 10 (2): 175 - 203.

[154] Carlson S. How foreign is foreign trade? A problem in international business research [M]. Uppsala: Uppsala University Press, 1975.

[155] Cepeda G, Vera D. Dynamic capabilities and operational capabilities: A knowledge management perspective [J]. Journal of Business Research, 2007, 60 (5): 426 -437.

[156] Chang S J, Rosenzweig P M. Functional and line of business evolution processes in MNC subsidiaries: Sony in the USA, 1972 -95 [M]//Birkinshaw J, Hood N. Multinational corporate evolution and subsidiary development. New York: St. Martin's Press, Inc. , 1998.

[157] Chang S J. International expansion strategy of Japanese firms: Capabilities building through sequential entry [J]. Academy of Management Journal, 1995, 38 (2): 383 -407.

[158] Chiles T H, McMackin J F. Integrating variable risk preferences, trust, and transaction cost economics [J]. Academy of Management Review, 1996, 21 (1): 73 -99.

[159] Churchill G A. A paradigm for developing better measures of marketing constructs [J]. Journal of Marketing Research, 1979, 16 (1): 64 -73.

[160] Ciabuschi F, Dellestrand H, Martin O M. Internal embeddedness, headquarters involvement, and innovation importance in multinational enterprieses [J]. Journal of Management Studies, 2011, 48 (7): 1612 - 1639.

[161] Ciabuschi F, Holm U, Martín O M. Dual embeddedness, influence and performance of innovating subsidiaries in the multinational corporation [J]. International Business Review, 2014, 23 (5): 897 - 909.

[162] Clark K B, Fujimoto T. Product development performance [M]. Boston: Harvard Business School Press, 1991.

[163] Cook S D N, Yanow D. Culture and organizational learning [J]. Journal of Management Inquiry, 1993, 2 (4): 373 - 390.

[164] Crossan M M, Lane H W, White R E. An organizational learning framework: From intuition to institution [J]. Academy of Management Review, 1999, 24 (3): 522 - 537.

[165] Cyert R M, March J G. A behavioral theory of the firm [M]. Englewood Cliffs: Prentice - Hall, Inc., 1963.

[166] Daft R L, Weick K E. Toward a model of organizations as interpretation system [J]. Academy of Management Review, 1984, 9 (2): 284 - 295.

[167] Daniel R, Marie - Claude B, Gregory M R. Information technology and organizational learning: A review and assessment of research [J]. Accounting Management and Information Technologies, 2000, 10 (2): 125 - 155.

[168] Delany E. Strategic development of the multinational subsidiary through subsidiary initiative-taking [J]. Long Range Planning, 2000, 33 (2): 220 - 244.

[169] Dess G G, Ireland R D, Zahra S A, et al. Emerging issues in corporate entrepreneurship [J]. Journal of Management, 2003, 29 (3): 351 - 378.

[170] Dhanaraj C, Lyles M A, Steensma H K, et al. Managing tacit and explicit knowledge transfer in IJVs: The role of relational embeddedness and the impact on performance [J]. Journal of International Business Studies, 2004, 35 (5): 428 - 442.

[171] Dimitratos P, Liouka I, Ross D, Young S. The multinational enterprise and subsidiary evolution: Scotland since 1945 [J]. Business History, 2009a, 51

(3): 401 -425.

[172] Dimitratos P, Liouka I, Young S. Regional location of multinational corporation subsidiaries and economic development contribution: Evidence from the UK [J]. Journal of World Business, 2009b, 44 (2): 180 - 191.

[173] Dodgson M. Organizational learning: A review of some literature [J]. Organization Studies, 1993, 14 (3): 375 - 394.

[174] Doz Y L, Santos J, Williamson P. From global to metanational: How companies win in the knowledge economy [M]. Boston, MA: Harvard Business School Press, 2001.

[175] Doz Y L. The evolution of cooperation in strategic alliances: Initial conditions or learning processes [J]. Strategic Management Journal, 1996, 17 (Summer): 55 - 83.

[176] Duncan R B, Weiss A. Organizational learning: Implications for organizational design [J]. Research in Organizational Behavior, 1979, 1: 75 - 124.

[177] Dunning J H. International production and the multinational enterprise [M]. London: Allen and Unwin, 1981.

[178] Dyer J H, Nobeoka K. Creating and managing a high-performance knowledge-sharing network: The Toyota case [J]. Strategic Management Journal, 2000, 21 (3): 345 - 367.

[179] Dyer J H, Singh H. The relational view: Cooperative strategy and sources of interorganizational competitive advantage [J]. Academy of Management Review, 1998, 23 (4): 660 - 679.

[180] Dyer J H. Effective interfirm collaboration: How firms minimize transaction costs and maximize transaction value [J]. Strategic Management Journal, 1997, 18 (7): 553 - 556.

[181] Dyer J H. Specialized supplier networks as a source of competitive advantage: Evidence from the auto industry [J]. Strategic Management Journal, 1996, 17 (4): 271 - 291.

[182] Dörrenbächer C, Gammelgaard J. Subsidiary initiative taking in multi-

nationational corporations: The relationship between power and issue selling [J]. Organization Studies, 2016, 37 (9): 1249 – 1270.

[183] Dörrenbächer C, Gammelgaard J. Subsidiary power in the multinational corporation: The subtle role of micro-political bargaining power [J]. Critical Perspectives on International Business, 2011, 7 (1): 30 – 47.

[184] Dörrenbächer C, Gammelgaard J. Subsidiary role development: The effect of micro-political headquaters-subsidiary negotiations on the product, market and value-added scope of foreign-owned subsidiary [J]. Journal of International Management, 2006, 12 (3): 266 – 283.

[185] Dörrenbächer C, Geppert M. Subsidiary staffing and initiative-taking in multinational corporations—A socio-political perspective [J]. Personnel Review, 2010, 39 (5): 600 – 621.

[186] Edmondson A, Moingeon B. From organizational learning to the learning organization [J]. Journal of Management Learning, 1998, 29 (1): 5 – 20.

[187] Egehoff W G, Gorman L, McCormick S. Using technology as a path to subsidiary development [M]//Birkinshaw J, Hood N. Multinational corporate evolution and subsidiary development. New York: St. Martin's Press, Inc., 1998.

[188] Eisenhardt K M, Martin J A. Dynamic capabilities: What are they? [J]. Strategic Management Journal, 2000, 21 (10 – 11): 1105 – 1121.

[189] Fiol C M, Lyles M A. Orangizational learning [J]. Academy of Management Review, 1985, 10 (4): 803 – 813.

[190] Flores L G, Zheng W, Rau D, Thomas C H. Organizational learning: Subprocess identification, construct validation, and an empirical test of cultural antecedents [J]. Journal of Management, 2012, 38 (2): 640 – 667.

[191] Fowler F J. Survey research methods [M]. Newbury Park: Sage, 1988.

[192] Fulmer R, Gibbs P, Keys J. The second generation learning organizations: New tools for sustaining competitive advantage [J]. Organizational Dynamics, 1998, 26 (4): 7 – 20.

[193] Garvin D A. Building a learning organization [J]. Harvard Business

Review, 1993, 71 (4): 78 -91.

[194] Gavetti G, Levinthal D. Looking forward and looking backward: Cognitive and experiential search [J]. Administrative Science Quarterly, 2000, 45 (1): 113 -137.

[195] Ghoshal S, Bartlett C A. The multinational corporation as interorganizational network [J]. Academy of Management Review, 1990, 15 (4): 603 -625.

[196] Ghoshal S, Bartlett C. Creation, adoption, and diffusion of innovations by subsidiaries [J]. Journal of International Business Studies, 1988, 19 (3): 365 -388.

[197] Ghoshal S, Bartlett C. Linking organizational context and managerial action: The dimension of quality of management [J]. Strategic Management Journal, 1994, 15 (Summer): 91 -112.

[198] Glynn M A, Lant T K, Milliken F J. Mapping learning processes in organizations: A multi-level framework linking learning and organizing [M]// Stubbart C, Meindl T R, Porac J F A. Advances in managerial cognition and organizational information processing. Greenwich, CT: JAI Press, 1994, 5: 43 -83.

[199] Granovetter M. Economic action and social structure: The problem of embeddedness [J]. American Journal of Sociology, 1995, 91 (3): 481 -510.

[200] Grant R M. Prospering in dynamically competitive environments: Organizational capability as knowledge integration [J]. Organization Science, 1996, 7 (4): 375 -387.

[201] Grant R M. The resource-based theory of competitive advantage: Implications for strategy formulation [J]. California Management Review, 1991, 33 (3): 114 -135.

[202] Gulati R. Does familiarity breed trust? The implications of repeated ties for contractual choice in alliances [J]. Academy of Management Journal, 1995, 38 (1): 85 -112.

[203] Gupta A K, Govindarajan V. Knowledge flows and the structure of con-

trol within multinational corporations [J]. Academy of Management Review, 1991, 16 (4): 768 -792.

[204] Gupta A K, Govindarajan V. Knowledge flows within multinational corporations [J]. Strategic Management Journal, 2000, 21 (4): 473 -496.

[205] Gupta A K, Govindarajan V. Organizing for knowledge flows within MNCs [J]. International Business Review, 1994, 3 (4): 443 -457.

[206] Gupta A K, Govindarajan V. Resource sharing among SBUs: Strategic antecedents and administrative implications [J]. Academy of Management Journal, 1986, 29 (4): 695 -714.

[207] Hallin C, Holm U, Sharma D D. Embeddedness of innovation receivers in the multinational corporation: Effects on business performance [J]. International Business Review, 2011, 20 (3): 362 -373.

[208] Hansen M. The search-transfer problem: The role of weak ties in sharing knowledge across organization subunits [J]. Administrative Science Quarterly, 1999, 44 (1): 82 -111.

[209] Harrigan K R. Formulating vertical integration strategies [J]. Academy of Management Review, 1984, 9 (4): 638 -652.

[210] Harrison D, Waluszewski A. The development of a user network as a way to relaunch an unwanted product [J]. Research Policy, 2008, 37 (1): 115 -130.

[211] Hedlund G. The hypermodern MNC—A heterarchy? [J]. Human Resource Management, 1986, 25 (1): 9 -35.

[212] Hill C W L, Hoskisson R E. Strategy and structure in the multiproduct firm [J]. Academy of Management Review, 1987, 12 (2): 331 -341.

[213] Hood N, Young S, Lal D. Strategic evolution within Japanese manufacturing plants in Europe: UK evidence [J]. International Business Review, 1994, 3 (2): 97 -122.

[214] Huber G P. Organizational learning: The contributing processes and the literatures [J]. Organization Science, 1991, 2 (1): 88 -115.

[215] Jarillo J C, Martinez J I. Different roles for subsidiaries: The case of

multinational corporations in Spain [J]. Strategic Management Journal, 1990, 11 (7): 501-512.

[216] Jarillo J C. On strategic networks [J]. Strategic Management Journal, 1988, 9 (1): 31-41.

[217] Johanson J, Vahlne J E. The internationalization process of the firm—A model of knowledge development and increasing foreign market commitments [J]. Journal of International Business Studies, 1977, 8 (1): 23-32.

[218] Johanson J, Wiedersheim - Paul F. The internationalization of the firm - Four Swedish cases [J]. Journal of Management Studies, 1975, 12 (3): 305-322.

[219] Kanter R M. Collaborative advantage: The art of alliances [J]. Harvard Business Review, 1994, 72 (4): 96-108.

[220] Kanter R M. The middle manager as innovator [J]. Harvard Business Review, 1982, 60 (4): 95-105.

[211] Kanter R M. When a thousand flowers bloom: Structural, collective, and social conditions for innovation in organizations [M]//Staw B M, Cummings L L. Research in organizational behavior. Greenwich, CT: JAI Press, 1988, 10: 169-211.

[222] Katila R, Ahuja G. Something old, something new: A longitudinal study of search behavior and new product introduction [J]. Academy of Management Journal, 2002, 45 (6): 1183-1194.

[223] Kim D. The link between individual and organizational learning [J]. Sloan Management Review, 1993, 35 (1): 37-50.

[224] Kogut B, Zander U. Knowledge of the firm, combinative capacities and the replication of technology [J]. Organization Science, 1992, 3 (3): 383-397.

[225] Kogut B, Zander U. What Firms do? Coordination, identity and learning [J]. Organization Science, 1996, 7 (5): 502-518.

[226] Koka B R, Prescott J J. Designing alliance networks: The influence of network position, environmental change, and strategy on firm performance [J].

Strategic Management Journal, 2008, 29 (6): 639 -661.

[227] Kostova T, Zaheer S. Organizational legitimacy under conditions of complexity: The case of the multinational enterprise [J]. Academy of Management Review, 1999, 24 (1): 64 -81.

[228] Lane P J, Lubatkin M. Relative absorptive capacity and interorganizational learning [J]. Strategic Management Journal, 1998, 19 (5): 461 -477.

[229] Leonard - Barton D. Core capabilities and core rigidities: A paradox in managing new product development [J]. Strategic Management Journal, 1992, 13 (Summer): 111 -125.

[230] Levin D Z, Cross R. The strength of weak ties you can trust: The mediating role of trust in effective knowledge transfer [J]. Management Science, 2004, 50 (11): 1477 -1490.

[231] Levinson N S, Asah I M. Cross-national alliances and interorganizational learning [J]. Organizational Dynamics, 1995, 24 (2): 50 -63.

[232] Li X, Liu X, Thomas H. Market orientation, embeddedness and the autonomy and performance of multinational subsidiaries in an emerging economy [J]. Management International Review, 2013, 53 (6): 869 -897.

[233] Lichtenstein B M B. Emergence as a process self-organizing—New assumptions and insights from the study of nonlinear dynamic system [J]. Journal of Organizational Change Management, 2000, 13 (6): 526 -544.

[234] Liouka I. Opportunity identification in MNC subsidiaries: Context and performance implications [D]. Glasgow: Dissertation of University of Glasgow, 2007.

[235] Lipshitz R, Popper M, Oz S. Building learning organization: The design and implementation of organizational learning mechanism [J]. The Journal of Applied Behavioral Science, 1996, 32 (3): 292 -307.

[236] Lulnpkin G T, Dess G G. Clarifying the entrepreneurial orientation construct and linking it to performance [J]. Academy of Management Review, 1996, 21 (1): 135 -172.

[237] Lumpkin G T, Lichtenstein B B. The role of organizational learning in

the opportunity-recognition process [J]. Entrepreneurship Theory and Practice, 2005, 29 (4): 451 -472.

[238] Lyles M A, Salk J E. Knowledge acquisition from foreign parents in international joint ventures [J]. Journal of International Business Studies, 1996, 27 (5): 877 -904.

[239] Malnight T. The transition from decentralized to network-based MNC structures: An evolutionary perspective [J]. Journal of International Business Studies, 1996, 27 (1): 43 -66.

[240] March J G, Simon H A. Organizations [M]. New York: Wiley, 1958.

[241] March J G. Exploration and exploitation in organizational learning [J]. Organization Science, 1991, 2 (1): 71 -87.

[242] Maybey C, Salaman G. Strategic human resource management [M]. Oxford: Blackwell, 1995.

[243] McEvily B, Marcus A. Embedded ties and the acquisition of competitive capabilities [J]. Strategic Management Journal, 2005, 26 (11): 1033 - 1055.

[244] McKee D. An organizational learning approach to product innovation [J]. Journal of Product Innovation Management, 1992, 9 (3): 232 -245.

[245] Meyer K E, Mudambi R, Narula R. Multinational enterprises and local contexts: The opportunities and challenges of multiple embeddedness [J]. Journal of Management Studies, 2011, 48 (2): 235 -252.

[246] Meyers P. Non-liner learning in large technological firms: Period four implies chaos [J]. Research Policy, 1990, 19 (2): 97 -115.

[247] Miller D. The correlates of entrepreneurship in three types of firms [J]. Management Science, 1983, 29 (7): 770 -791.

[248] Miner A S, Mezias S J. Ugly duckling no more: Pasts and futures of organizational learning research [J]. Organizational Science, 1996, 7 (1): 88 - 99.

[249] Moran P. Structural vs. relational embeddedness: Social capital and

managerial performance [J]. Strategic Management Journal, 2005, 26 (12): 1129 - 1151.

[250] Mu S H, Gnyawali D R, Hatfield D E. Foreign subsidiaries' learning from local environments: An empirical test [J]. Management International Review, 2007, 47 (1): 79 - 102.

[251] Nahapiet J, Ghoshal S. Social capital, intellectual capital, and the organizational advantage [J]. Academy of Management Review, 1998, 23 (2): 242 - 266.

[252] Najafi - Tavani Z, Axele G, Andersson U. The interplay of networking activities and internal knowledge actions for subsidiary influence within MNCs [J]. Journal of World Business, 2014, 49 (1): 122 - 131.

[253] Najafi - Tavani Z, Giroud A, Sinkovics R R. Knowledge-intensive business services: Does dual embeddedness matter? [J]. The Service Industries Journal, 2012, 32 (10): 1691 - 1705.

[254] Nell P C, Andersson U. The complexity of the business network context and its effect on subsidiary relational (over -) embeddedness [J]. International Business Review, 2012, 21 (6): 1087 - 1098.

[255] Nevis E C, DiBella A J, Gould J M. Understanding organizations as learning systems [J]. Sloan Management Review, 1995, 36 (2): 73 - 85.

[256] Nishiguchi T. Strategic industrial sourcing [M]. New York: Oxford University Press, 1994.

[257] Nohria N, Ghoshal S. The differentiated network—Organizing multinational corporations for value creation [M]. San Francisco: Jossey - Bass Publishers, 1997.

[258] Nonoka, I. A dynamic theory of organizational knowledge creation [J]. Organization Science, 1994, 5 (1): 14 - 37.

[259] Nunnally J C. Psychometric theory [M]. New York: McGraw - Hill Book Company, 1978.

[260] Park B I. What matters to managerial knowledge acquisition in international joint ventures? High knowledge acquirers versus low knowledge acquirers [J].

Asia Pacific Journal of Management, 2010, 27 (1): 55 -79.

[261] Parkhe A. Strategic alliance structuring: A game theoretic and transaction cost examination of interfirm cooperation [J]. Academy of Management Journal, 1993, 36 (4): 794 -829.

[262] Paterson S L, Brock D M. The development of subsidiary-management research: Review and theoretical analysis [J]. International Business Review, 2002, 11 (2): 139 -163.

[263] Petkova A P. A theory of entrepreneurial learning from performance errors [J]. International Entrepreneurship and Management Journal, 2009, 5 (4): 345 -367.

[264] Pfeffer J R, Salancik G R. The external control of organziations [M]. New York: Harper & Row, 1978.

[265] Powell W, Koput K, Smith - Doerr L. Interorganizational collaboration and the locus of innovation: Networks of learning in Biotechnology [J]. Administrative Science Quarterly, 1996, 41 (1): 116 -145.

[266] Pu M, Soh P H. The role of dual embeddedness and organizational learning in subsidiary development [J]. Asia Pacific Journal of Management, 2018, 35 (2): 373 -397.

[267] Rabbiosi L, Santangelo G D. Parent company benefits from reverse knowledge transfer: The role of the liability of newness in MNEs [J]. Journal of World Business, 2013, 48 (1): 160 -170.

[268] Rea L, Parker R. Design and conducting survey research: A comprehensive guide [M]. San Franciso: Jossy - Bass Pblishers, 1992.

[269] Ring P S, Van de Ven A H. Developmental processes of cooperative interorganizational relationships [J]. Academy of Management Review, 1994, 19 (1): 90 -118.

[270] Rosenzweig P M, Singh J V. Organizational environments and the multinational enterprise [J]. Academy of Management Review, 1991, 16 (2): 340 - 361.

[271] Rowley T, Behrens D, Krackhardt D. Redundant governance struc-

tures: An analysis of structural and relational embeddedness in the steel and semiconductor industries [J]. Strategic Management Journal, 2000, 21 (3): 369-386.

[272] Rugman A M, Douglas S. The strategic management of multinationals and world product mandating [J]. Canadian Public Policy, 1986, 12 (2): 320-328.

[273] Rugman A M, Verbeke A. A note on the transnational solution and the transaction cost theory of multinational strategic management [J]. Journal of International Business Studies, 1992, 23 (4): 761-772.

[274] Rumelt R P. Strategy, structure, and economic performance [M]. Boston: Harvard Business School Press, 1974.

[275] Sargeant L W. Strategic planning in a subsidiary [J]. Long Range Planning, 1990, 23 (2): 43-54.

[276] Sargent J, Matthews L. The drivers of evolution/upgrading in Mexico's maquiladoras: How important is subsidiary initiative? [J]. Journal of World Business, 2006, 41 (3): 233-246.

[277] Saxenian A. Regional advantage [M]. Cambridge, MA: Harvard University Press, 1994.

[278] Schein E. How can organization learn faster? The challenge of entering the green room [J]. Sloan Management Review, 1993, 34 (2): 85-92.

[279] Schmid S, Dzedek L R, Lehrer M. From rocking the boat to wagging the dog: A literature review of subsidiary initiative research and integrative framework [J]. Journal of International Management, 2014, 20 (2): 201-218.

[280] Semrau T, Werner A. How exactly do network relationships pay off? The effects of network size and relationship quality on access to start-up resources [J]. Entrepreneurship Theory and Practice, 2014, 38 (3): 501-525.

[281] Senge P M. The fifth discipline: The art and practice of the learning organization [M]. London: Century Business, 1990.

[282] Shane S, Venkataraman S. The promise of entrepreneurship as a field of research [J]. Academy of Management Review, 2000, 25 (1): 217-226.

[283] Shrivastava P A. Typology of organizational learning systems [J]. Journal of Management Studies, 1983, 20 (1): 7-28.

[284] Simon H A. Birth of an organization: The economic cooperation administration [J]. Public Administrative Review, 1953, 13 (4): 227-236.

[285] Simon H A. Bounded rationality and organizational learning [J]. Organization Science, 1991, 2 (1): 125-134.

[286] Sinkula J M. Market information processing and organizational learning [J]. Journal of Marketing, 1994, 58 (1): 35-45.

[287] Slater S F, Narver J C. Market orientation and the learning organization [J]. Journal of Marketing, 1995, 59 (3): 63-74.

[288] Solvell O, Zander I. International diffusion of knowledge: Isolating mechanisms and the role of the MNE [M]//Chandler A D, Hagstrom P, Solvell O. The dynamic firm: The role of technology, strategy, organization and regions. Oxford, England: Oxford University Press, 1998: 402-416.

[289] Spender J C. Making knowledge the basis of a dynamic theory of the firm [J]. Strategic Management Journal, 1996, 17 (Winter): 45-62.

[290] Stata R. Organization learning—The key to management innovation [J]. Sloan Management Review, 1989, 30 (3): 63-74.

[291] Stopford J M, Wells L T. Managing the multinational enterprise: Organization of the firm and ownership of the subsidiaries [M]. New York: Basic Books, 1972.

[292] Strutzenberger A, Ambos T C. Unravelling the subsidiary initiative process: A multilevel approach [J]. Interantional Journal of Management Review, 2014, 16 (3): 314-339.

[293] Swieringa J, Wierdsma A. Becoming a learning organization: Beyond the learning curve [M]. UK: Addison-Wesley Publishing Company, 1992.

[294] Szulanski G. Exploring internal stickiness: Impediments to the transfer of best practice within the firm [J]. Strategic Management Journal, 1996, 17 (Winter): 27-43.

[295] Taggart J H. Strategic shifts in MNC subsidiaries [J]. Strategic Man-

agement Journal, 1998, 19 (7): 663 - 681.

[296] Teece D J. Explicating dynamic capabilities: The nature and microfoundation of (sustainable) enterprise performance [J]. Strategic Management Journal, 2007, 28 (13): 1319 - 1350.

[297] Tsai W, Ghoshal S. Social capital and value creation: The role of intrafirm networks [J]. Academy of Management Journal, 1998, 41 (4): 464 - 476.

[298] Tsai W. Knowledge transfer in intraorganizational networks: Effects of network position and absorptive capacity on business unit innovation and performance [J]. Academy of Management Journal, 2001, 44 (5): 996 - 1004.

[299] Tsai W. Social capital, strategic relatedness and the formation of intraorganizational linkages [J]. Strategic Management Journal, 2000, 21 (9): 925 - 939.

[300] Uzzi B. Social structure and competition in interfirm networks: The paradox of embeddedness [J]. Administrative Science Quarterly, 1997, 42 (1): 35 - 67.

[301] Venkatraman N. Strategic orientation of business enterprises: The construct, dimensionality, and measurement [J]. Management Science, 1989, 35 (8): 942 - 962.

[302] Verbeke A, Chrisman J J, Yuan W. A note on strategic renewal and corporate venturing in the subsidiaries of multinational enterprises [J]. Entrepreneurship Theory and Practice, 2007, 31 (4): 585 - 600.

[303] Vernon, R. International investment and international trade in the product cycle [J]. Quarterly Journal of Economics, 1966, 80 (2): 190 - 207.

[304] Verona G, Ravasi D. Unbundling dynamic capabilities: An exploratory study of continuous product innovation [J]. Industrial and Corporate Change, 2003, 12 (3): 577 - 606.

[305] Walsh J P, Ungson G R. Organizational memory [J]. Academy of Management Review, 1991, 16 (1): 57 - 91.

[306] Williamson O E. The economic institutions of capitalism [M]. New

York: Free Press, 1985.

[307] Yamin M, Andersson U. Subsidiary importance in the MNC: What role does internal embeddedness play? [J]. International Business Review, 2011, 20 (2): 151 - 162.

[308] Yli - Renko H, Autio E, Sapienza H J. Social capital, knowledge acquisition, and knowledge exploitation in young technology-based firms [J]. Strategic Management Journal, 2001, 22 (6/7): 587 - 613.

[309] Young S, Hood N, Peters E. Multinational enterprises and regional economic development [J]. Regional Studies, 1994, 28 (7): 657 - 677.

[310] Zahra S A, Nielsen A P, Bogner W. Corporate entrepreneurship, knowledge, and competence development [J]. Entrepreneurship Theory and Practice, 1999, 23 (3): 169 - 190.

[311] Zahra S A, Sapienza H J, Davidsson P. Entrepreneurship and dynamic capabilities: A review, model and research agenda [J]. Journal of Management Studies, 2006, 43 (4): 917 - 955.

[312] Zander I. How do you mean 'global'? An empirical investigation of innovation networks in the multinational corporation [J]. Research Policy, 1999, 28 (2/3): 195 - 213.

[313] Zanfei A. Transnational firms and the changing organization of innovative activities [J]. Cambridge Journal of Economics, 2000, 24 (5): 515 - 542.

[314] Zellmer - Bruhn M, Gibson C. Multinational organization context: Implications for team learning and performance [J]. Academy of Management Journal, 2006, 49 (3): 501 - 518.

[315] Zhao H, Luo Y. Antecedents of knowledge sharing with peer subsidiaries in other countries: A perspective from subsidiary managers in a foreign emerging market [J]. Management International Review, 2005, 45 (1): 71 - 97.

[316] Zollo M, Winter S G. Deliberate learning and the evolution of dynamic capabilities [J]. Organization Science, 2002, 13 (3): 339 - 351.

[317] Zucker L G, Darby M R, Brewer M B, Peng Y. Collaboration structures and information dilemmas in biotechnology: Organization boundaries as trust

production [M]//Kramer R M, Tyler T R. Trust in organizations: Frontiers of theory and research. Thousand Oaks, CA: Sage, 1996: 90 - 113.

[318] Zukin S, DiMaggio P. Structures of capital: The social organization of the economy [M]. Cambridge, MA: Cambridge University Press, 1990.